Mein Handbuch
für ein
nachhaltiges Zuhause

Fotografin Corinne Jamet
Stylistin Vania Leroy

Lisa Le Phu

MEIN Handbuch FÜR EIN NACHHALTIGES ZUHAUSE

200 kreative Ideen

WEGWERFEN IST KEINE OPTION

Ratschläge für DIY-Fans
und Zero-Waste-Warriors

Als Walter Stahel, ein Pionier der Kreislaufwirtschaft, vor einigen Jahren zu dem Thema befragt wurde, erklärte er, dass »99 Prozent der Ressourcen, die wir der Natur entnehmen, nach 42 Tagen zu Abfall werden«. 99 Prozent! 42 Tage! Zahlen, die wehtun und an zwei Dinge erinnern: Wir konsumieren zu viel und dies zu schnell.

Diese beiden Tatsachen bilden die Grundlage für den sogenannten »Null-Abfall-Ansatz«, auch unter der Bezeichnung »Zero Waste« bekannt. Die Bewegung, die seit etwa 15 Jahren boomt, geht von dem Prinzip aus, dass der Mensch sowohl Teil des Problems als auch Teil der Lösung ist. Indem der einzelne Bürger Verantwortung übernimmt, seine Gewohnheiten ändert und bewusster konsumiert, kann er konkret handeln, um auf persönlicher Ebene gegen Verschwendung und übermäßigen Konsum anzukämpfen. Konkret geht es darum, seine Einkäufe zu überdenken – sie einzuschränken – und gleichzeitig die Lebensdauer der im Alltag genutzten Gegenstände zu verlängern. Also weniger zu kaufen, dafür aber zu sammeln, zu leihen, zu tauschen, zu mieten oder zu reparieren und selbst herzustellen.

Zero Waste ist mehr als eine Anpassung des Lebensstiles, es ist eine Transformation. Eine tiefgreifende Veränderung unserer Gewohnheiten und gängigen Überzeugungen. Wenn man anfängt, sich Gedanken zu machen, wird einem sehr schnell klar, welche ökologischen und wirtschaftlichen Kosten unsere täglichen Abfälle verursachen. Es ist unmöglich, die Augen vor den durchschnittlich etwa 609 Kilogramm Siedlungsabfall zu verschließen, die alleine in Deutschland jedes Jahr pro Kopf anfallen. Aber man kann Abfälle vermeiden. Die Sache ist verbesserungsfähig. Einige Zero-Waste-Experten der ersten Stunde schaffen es übrigens, jedes Jahr nur ein einfaches 1-Liter-Glas Müll zu produzieren. Wie machen sie das? Indem sie die »5-R«-Regel von Béa Johnson, der Galionsfigur der minimalistischen Bewegung, anwenden: REFUSE, REDUCE, REUSE, RECYCLE, ROT (Verweigern, Reduzieren, Wiederverwenden, Recyceln, Kompostieren).

Einfach ausgedrückt: Man lehnt unnötige Verpackungen und Wegwerfprodukte ab, ebenso wie die gut 30 Kilogramm an Werbeprospekten, die jährlich pro Kopf in unser aller Briefkästen landen. Man reduziert den privaten Konsum, indem man Secondhand-Käufe und lose Ware bevorzugt. Man recycelt, was man recyceln kann, Glas, Metall, Pappe, bestimmte Kunststoffe … wobei man sich aber vor Augen halten sollte, dass Abfall, auch wenn er recycelbar ist, Müll bleibt, der nicht unendlich oft aufbereitet werden kann. Recycling erfordert außerdem Energie, Transport, industrielle Bearbeitung usw. Aus diesem Grund ist der beste Abfall der, den man gar nicht erst produziert.

Es bleiben noch zwei weitere Stichworte: Wiederverwenden und Kompostieren. Das trifft sich gut, denn diese beiden Begriffe bilden den roten (oder besser gesagt grünen) Faden dieses Buches.

Auf den folgenden Seiten erfährst du, wie du mit Einfallsreichtum und simplen Mitteln stilvoll wiederverwenden kannst, was die Natur und das moderne Leben uns vor die Füße legen: Stoffe, Dosen, Plastikflaschen, Gartenabfälle, Toilettenpapierrollen, Reste von Wollknäueln, Kerzen oder T-Shirts …

Spoileralarm: Du könntest von den unzähligen einfachen, aber effektiven Möglichkeiten, mit denen du Dinge reparieren, umgestalten, neu erfinden, zweckentfremden und upcyceln kannst, um dein Zuhause zu verschönern, regelrecht umgehauen werden.

Und alle diese Aktivitäten (wie etwa Basteln, Nähen, Kochen oder Gärtnern) sind nicht nur umweltfreundlich und kostensparend, sondern auch noch gesundheitsfördernd! Gerade diese Tätigkeiten sind mit zahlreichen Vorteilen verbunden (aktive Meditation, Stressabbau, Steigerung des Wohlbefindens, Training der Kognitionsfähigkeiten usw.) Sie stärken das Selbstwertgefühl, und manche werden bei bestimmten degenerativen Krankheiten sogar therapeutisch eingesetzt.

Gönnen wir uns also selbst etwas Gutes – und dem Planeten gleich mit dazu!

Inhalt

Heimwerken, Upcyceln & Gärtnern
nach dem Zero-Waste-Prinzip

MATERIALIEN NUTZEN, DIE MAN HAT

Auch wenn das, was du zur Verfügung hast, nicht Punkt für Punkt mit den im Buch verwendeten Materialien und Hilfsmittel übereinstimmt, ist dies kein Problem! Nutze, was du zur Hand hast, passe die Dinge ein wenig an, bringe deine eigene Note ein. Du wirst wertvolle Tipps geben können, wenn du anderen erklärst, wie du ein Projekt im Detail umgesetzt hast!

FREUNDE UND FAMILIE MITEINBEZIEHEN

Viele der Projekte werden mit recycelten Gegenständen durchgeführt (Plastikflaschen, Verpackungen, Korken, Dosen …). Wenn du diese Art von Abfall gar nicht mehr produzierst, ist das toll! Dann frage in deinem Bekanntenkreis nach. Ein Freund, eine Nachbarin oder deine Eltern haben vielleicht etwas parat, was du gebrauchen kannst.

SICH ZEIT NEHMEN

Es ist weder nötig noch einfach, seinen Müll gleich in der ersten Woche auf ein Minimum zu reduzieren! Gehe lieber Schritt für Schritt vor und festige das Erreichte, anstatt deine Gewohnheiten abrupt umzukrempeln und nach einer Weile frustriert aufzugeben. »Immer schön langsam mit den jungen Pflänzlein« … also gehen wir es ruhig an. Beginne mit dem, was dir am leichtesten fällt, und sobald dies zur Routine geworden ist, gehe zum nächsten Schritt über. Es ist immer noch besser, einen kleinen Beitrag zu leisten als gar keinen.

DEN ABFALL REDUZIEREN, BEVOR MAN ZERO WASTE ANGEHT

Wir haben nicht alle die gleichen Möglichkeiten, wenn es um das Thema Abfallvermeidung geht. Manche wohnen sehr weit entfernt von Geschäften, die Alternativen anbieten. Manchmal fehlt es an Zeit und Energie. Aber geht es nicht darum, aktiv zu werden und zumindest die Menge an nicht recycelbaren Abfällen etwas zu reduzieren?

SICH NICHT ENTMUTIGEN LASSEN

Die eigene Lebensweise zu revolutionieren klappt selten von heute auf morgen. Es ist ein steiniger Weg, auf dem es nicht nur Erfolge zu feiern gibt! In der heutigen Industriegesellschaft sind wir von Kindheit an daran gewöhnt, zu konsumieren und wegzuwerfen, daher ist es manchmal schwierig, in Sachen Abfallvermeidung neue Gewohnheiten zu etablieren.

SICH ERREICHBARE ZIELE SETZEN

Es gibt keine unwichtigen Siege. Auch wenn es auf den ersten Blick so aussieht, als würde man jeden Tag lediglich ein Wattepad weniger zum Abschminken verwenden, so ist diese Geste doch wertvoll, wenn man sie auf lange Sicht betrachtet. Und wenn man sich bewusst macht, welche Auswirkungen diese eine kleine gute Tat hat, kann dies zu weiteren Entlastungen für unseren Planeten führen.

Werkzeuge, Hilfsmittel
& Materialien

NICHTS NÜTZLICHES WEGWERFEN

Wenn du ein Möbelstück, einen Gegenstand oder auch nur eine Verpackung entsorgen möchtest, überlege genau, was davon du noch gebrauchen könntest: einen Nagel, Schrauben, ein Brett, ein Stück Karton … überall verstecken sich kleine Schätze!

SECONDHAND-TEXTILIEN VERWERTEN

Unsere Schränke, Flohmärkte und Secondhandläden sind voll mit Stapeln von Kleidungsstücken, die kaum getragen wurden und nur ein bisschen weniger up to date sind! Sieh sie dir genau an. Sicher findest du einiges zum Auftrennen (Strickgarn, Knöpfe, Klammern und Nieten etc.), aus dem du dir ein kleines Näh-Set zusammenstellen kannst! Ein Wollmantel, ein Kaschmirpulli, ein Seidenhemd, ein Bettlaken … warum wegwerfen? Bewafffne dich mit einer guten Stoffschere sowie etwas Geduld und schneide alte Textilien zu oder trenne sie auf, um Materialien zu erhalten, die du irgendwann einmal für ein Projekt nutzen kannst!

Bevor du mit einem Projekt beginnst, solltest du dich vergewissern, dass du alles hast, was du benötigst. Lege Werkzeuge und Utensilien gut sortiert bereit, denn nichts ist lästiger, als immer wieder unterbrechen zu müssen, um die richtige Schraube oder den passenden Nagel zu suchen! Statte dich außerdem mit Schutzbrille und Arbeitshandschuhen aus!

WERKZEUGE & CO

Die meisten Projekte in diesem Buch sind für Anfänger geeignet und erfordern nur ein Minimum an Werkzeugen und Hilfsmitteln, die du wahrscheinlich eh schon besitzt.

Wichtig sind etwa:

- Näh-Set inklusive Nähnadeln, Stecknadeln, Sticknadeln, Stoffschere, Schneiderkreide, Maßband, Nähgarn, Stickgarn (und optional eine Nähmaschine)
- Heißklebepistole
- Cutter
- Lineal
- Scheren
- Schrauben, Muttern, Dübel und Nägel
- leicht ablösbares Malerkrepp
- starkes Klebeband
- Pinsel in verschiedenen Größen
- Maler- und/oder Lackierrollen
- Bleistift
- Radiergummi
- Permanentmarker/Folienschreiber
- Bohrmaschine mit verschiedenen Aufsätzen
- Akkuschrauber oder Schraubenzieher
- Hammer
- Zangen
- Seitenschneider
- Holz- und Metallsägen
- Lochzange/Stechahle
- Bastelleim

Die jeweils benötigten Werkzeuge und Hilfsmittel werden bei den einzelnen Projekten noch im Detail angegeben.

Garten & Balkon

Mulch
aus Nadelholzzapfen

Materialien

Nadelholzzapfen (am Stück oder zerhäckselt)

Mulchen lohnt sich sowohl im Gemüsegarten, in Blumenbeeten sowie am Fuß von Hecken als auch in Blumentöpfen und Blumenkästen. Denn wenn die Erde blank liegt, ist der Wasserverlust durch Verdunstung hoch. Mulch hält den Boden im Sommer kühl und feucht. Mit der Zeit wird sich organischer Mulch in Humus umwandeln, ein wichtiges Element, um die Pflanzen zu düngen und den Boden aufzulockern. Im Garten wird durch ihn außerdem das Wachstum von unerwünschten Pflanzen verhindert. Nadelholzzapfen, die als Ganzes oder in Form von Spänen ausgebracht werden, bilden eine langlebige Mulchschicht, da sie sich nur sehr langsam (in 5–10 Jahren) zersetzen. Sie schützen die Pflanzen, da sie gegen Schimmel und Pilze resistent sind. Außerdem liefern sie ausgezeichnete Nährstoffe für Pflanzen und Blumen im Garten und auf dem Balkon.

Wenn du Nadelholzzapfen verwendest, die du im Wald oder im Garten gesammelt hast, sparst du Rinde und Mulch, die du sonst im Gartencenter kaufen würdest. Weiterer Pluspunkt: Du kannst die Zapfen sogar anstelle von oder zusätzlich zu den Tonkügelchen/dem Split auf den Boden der Blumentöpfe legen, bevor du die Erde einfüllst. Drainage-Effekt garantiert!

Pflanz-Schrank

Materialien

1 kleiner Schrank/ Sekretär/Kommode etc.

Holzleim

Glaserkitt

Malerkrepp

Holzgrundierung

weißer matter Holzlack

Sperrholzplatten

rechteckige Holzleisten in den benötigten Stärken

Glasscheiben in den benötigten Maßen

2 Scharniere

Holzschrauben

4 Rollenfüße

Werkzeuge & Hilfsmittel

Feinsäge oder Stichsäge

Bohrmaschine mit Holzbohraufsatz

Akkuschrauber oder Schraubenzieher

Maßband oder Lineal

Bleistift

Schleifpapier mit Körnung 120

Demontiere die Türen des Möbels. Säge Fensteröffnungen aus, schleife die Kanten ab und kleide die Öffnungen mithilfe von Glaserkitt mit Glasscheiben aus. Dann montiere die Türen wieder am Möbelstück.

Säge aus Sperrholz 2 Dreiecke und 1 Rückenstück in den benötigten Maßen für die Oberseite des Möbels aus. Befestige sie wie auf dem Foto zu sehen oben auf der linken/rechten sowie hinteren Seite des Möbelstückes.

Nimm die Regalbretter aus dem Möbel. Zeichne an den Seiten des Möbels Fenster auf und säge diese aus. Schleife die Kanten ab und kleide die Öffnungen mithilfe von Glaserkitt mit Glasscheiben aus. Montiere die Regale wieder im Inneren des Möbels und nutze optional zusätzliche Leisten als Führungen.

Für das Glasdach fertige einen Holzrahmen in den passenden Maßen aus miteinander verleimten und verschraubten Leisten an. Verkleide die Rahmenöffnung mit Glas und befestige den Rahmen dann mit 2 Scharnieren oben auf der Hinterkante des Möbels.

Klebe alle Glasscheiben zum Schutz mit Malerkrepp ab und grundiere das Holz. Dann lackiere es weiß. Lackiere auch eine kleine Leiste, mit der du den Glasdeckel des Möbels auf »gekippt« stellen kannst.

Befestige die 4 Rollenfüße an der Unterseite des Möbels, damit du den Pflanz-Schrank leicht verschieben kannst. Ziehe das Malerkrepp ab.

Alte Möbel upcyceln!

Es gibt Unmengen von ausrangierten Möbeln, die darauf warten, genutzt zu werden. Daher ist es immer eine gute Idee, ein hübsches altes Stück vor dem Sperrmüll zu bewahren, indem du es aufhübschst oder umgestaltest, anstatt Neuware zu kaufen.

Süßwasser – ein kostbares Nass!

In Deutschland liegt der durchschnittliche Prokopfverbrauch an Trinkwasser immer noch bei rund 125 Liten pro Tag. Das ist eine ganze Menge. Und es stellt einen echten Kostenfaktor dar, während Regenwasser eine kostenlose Ressource ist, die leicht zu sammeln und perfekt für die Bewässerung des Gartens geeignet ist. Also nichts wie ran an die Regenrinnen!

Regenrinnen-Wassersammler

Materialien

3 kurze Regen-rinnenstücke

6 Regenrinnen-Halterungen

1 alte Zinkwanne oder anderer Wasser-auffangbehälter

Wanddübel mit passenden Schrauben

Werkzeuge & Hilfsmittel

Bleistift

Bohrmaschine mit Bohraufsatz für die betreffende Wand

Akkuschrauber oder Schraubenzieher

Man kann dieses Regenwassersammelsystem an einem beliebigen Ort im Freien installieren, vorzugsweise jedoch in der Nähe eines Daches oder einer Dachrinne an einer Hauswand. Die Regenrinnen von der Zinkwanne ausgehend von unten nach oben arbeitend ausrichten und darauf achten, dass sie einander ausreichend überlappen. Auf diese Weise wird mehr Wasser aufgefangen. Durch die Löcher der Halterungn mit Bleistift Markierungen auf die Wand aufbringen, dann die nötigen Löcher bohren und mit passenden Dübeln versehen. Dann die Halterungen anschrauben und die Rinnen in die Halterungen schieben.

REGENWASSER

Seine Verwendung hat nur Vorteile! Regenwasser ist kostenlos, meist arm an Mineralsalzen und enthält weder Chlor noch Fluorid. Außerdem besitzt es einen niedrigen pH-Wert, während Leitungswasser oft hart ist, was die meisten Pflanzen nicht mögen. Außerdem hat es Lufttemperatur, ideal für Outdoor-Pflanzen!

GUT ZU WISSEN

Wenn man in Küstennähe wohnt, enthält das Regenwasser oft zu viel Meersalz, um es als Gießwasser zu verwenden.

BELIEBTE KÜCHENKRÄUTER
FÜR DRINNEN UND DRAUSSEN

BASILIKUM

Basilikum kann zu jeder Jahreszeit im Haus an einem sonnigen Platz in einem Topf mit feuchter Erde ausgesät und ab Mitte Juni ins Freie gepflanzt werden. Gieße es regelmäßig und entferne die Blütenstängel, sobald sie austreiben, um das Wachstum der Blätter zu stärken. Im Spätsommer kannst du die Basilikumpflanze in Töpfe mit reichhaltiger Blumenerde umtopfen und wieder nach drinnen stellen.

PETERSILIE

Petersilie wird oft als einjährig angebaut, kann aber, wenn sie vor Frost geschützt wird, auch einen Winter überstehen. Ob glatt oder kraus – Petersilie ist die vielleicht beliebteste und vielseitigste Küchenpflanze. Weiche die Samen vor der Aussaat einige Stunden in lauwarmem Wasser ein. Säe die Samen ab April im Freien in 1 cm Abstand und Tiefe an einem halbschattigen Standort aus. Verwende Petersilie in der Küche großzügig … sie hebt den Geschmack von fast jedem Gericht!

MINZE

Minze wächst schnell, braucht nur wenig Licht und schmeckt in vielen Gerichten (Salaten, Saucen, Cocktails, Desserts oder auch Tees) köstlich. Sie sollte am besten in einem Topf gepflanzt werden, da sie sehr invasiv ist und fleißig Wurzelausläufer bildet.

SALBEI

Salbei schätzt die Sonne sehr und bevorzugt einen recht trockenen Boden. Gib frische Salbeiblätter zu Pasta, einer Sauce oder Fisch, um den Gerichten ein feines Aroma zu verleihen. Auch knusprig angebraten oder getrocknet als Tee aufgebrüht schmeckt Salbei köstlich.

THYMIAN

Thymian liebt die Sonne und recht trockene Böden. Gib frischen Thymian kurz vor dem Servieren in Suppen oder Saucen, um seine Aromen voll zu nutzen, oder mische ihn mit Butter für ein aromatisches Topping. Auch in Konfitüren oder Limonaden setzt er subtil aromatische Kräuter-Akzente.

SCHNITTLAUCH

Schnittlauch liebt die Sonne und leicht feuchte Böden. Die langen, dünnen Stängel gehören zur selben Familie wie Frühlingszwiebeln oder Knoblauch und verleihen Salaten, Suppen oder Ofenkartoffeln eine feine Würze.

ROSMARIN

Rosmarin anzubauen lohnt sich schon allein deshalb, weil man seinen würzigen Duft jederzeit genießen kann. Rosmarin liebt die Sonne und einen nicht zu feuchten Boden. Dieses mediterrane Kraut kann zum Aromatisieren von Olivenöl, gebratenem Gemüse oder Cocktails verwendet werden.

Pflanz-Schubladen

Materialien

Klarlack

Plastikplane oder Müllsäcke

alte Schubladen

Werkzeuge & Hilfsmittel

Pinsel oder Lackierrolle

Tacker

Schere

Lackiere zunächst die Schubladen, um sie vor Feuchtigkeit zu schützen. Lasse sie trocknen.

Bringe dann Plastikplane auf der Innenseite jeder Schublade (am Boden und an den Seiten) an und befestige sie mit dem Tacker. Schneide das einzelne Planenstück bei Bedarf so zu, dass es nicht über die Oberseite der Schubladen hinausragt.

Jetzt musst du nur noch Blumen- oder Kräutererde einfüllen und deine Pflanzen an einem geeigneten Platz aufstellen.

Kaffeefilter-Töpfchen (1)

Materialien
Kompostierbare Kaffeefilter, Aussaaterde, Samenkörner

Hilfsmittel
Tasse, Sprühflasche

Stelle den bereits benutzten Filter in eine Tasse und befülle ihn mit Blumenerde. Pflanze einen Samen hinein. Stelle den Anzuchttopf an einen sonnigen Ort und sorge dafür, dass die Erde feucht bleibt, indem du sie mit Wasser besprühst. Wenn der Setzling Blättchen getrieben hat und das Wetter mitspielt, pflanze ihn ins Freiland oder in einen Blumenkasten.

Pluspunkt: Kaffeesatz kann mit der Blumenerde vermischt werden. Er ist ein sehr guter natürlicher organischer Dünger, der reich an Spurenelementen ist. Außerdem hält er Schnecken fern!

Papier-Töpfchen (2)

Materialien
Aussaaterde, Samenkörner, DIN A4-Papier

Hilfsmittel
Sprühflasche

Fertige gemäß der Vorlage auf S.205 eine offene Schachtel aus dem Papier an, befülle sie mit Erde und pflanze dann einen Samen hinein. Stelle das Töpfchen an einem sonnigen Ort auf und halte die Erde feucht, indem du sie mit Wasser besprühst. Pflanze den Sämling ins Freiland, sobald er Blätter getrieben hat und das Wetter mitspielt.

Achtung: Da die Feuchtigkeit der Erde die Giftstoffe der Druckfarben in die Blumenerde übergehen lässt, solltest du keine Zeitschriften oder Zeitungspapier verwenden. Die jungen Triebe würden diese Giftstoffe aufnehmen und speichern! Bevorzuge daher unbedrucktes und biologisch abbaubares Papier.

Eierschalen-Töpfchen (3)

Materialien
Bio-Eier-Schalenhälften, Aussaaterde, Samenkörner

Hilfsmittel
Nadel, Kochtop, Sprühflasche

Sammele Schalenhälften von Bio-Eiern, die du in ihrem oberen Drittel aufgeschlagen hast. Bohre mit einer Nadel ein Entwässerungsloch in jeden Boden, das groß genug ist, damit es nicht von Erde oder Wurzeln verstopft wird. Koche die Schalenhälfte 2–3 Minuten in einem Topf in Wasser, um eventuelle Keime abzutöten. Befülle die Schalen mit Erde und pflanze dann je einen Samen ein. Stelle den Anzuchttopf an einen sonnigen Ort und achte darauf, die Erde feucht zu halten, indem du sie mit Wasser besprühst. Sobald der Sämling Blätter getrieben hat und das Wetter mitspielt, zerdrücke den Boden der Schalen, damit die Wurzeln herauswachsen können, und pflanze den Sämling samt Eierschale um.

Pluspunkt: Die Bio-Eierschalen enthalten Mineralsalze, die dem gesunden Wachstum der Sämlinge sehr zuträglich sind.

Zitrusschalen-Töpfchen (4)

Materialien
Bio-Zitrusschalenhälften, Aussaaterde, Samenkörner

Hilfsmittel
Messer, Sprühflasche

Befreie die Zitrusschale im Inneren mit einem Messer von Fruchtfleischresten. Schneide in den Boden mehrere Schlitze, damit das Wasser abfließen kann. Befülle die Zitrusschale zu zwei Dritteln mit Erde und pflanze einen Samen hinein. Stelle den Anzuchttopf an einen sonnigen Ort und halte die Erde durch Besprühen mit Wasser feucht. Bevor du den Sämling ins Freiland pflanzt (sobald er Blätter ausgetrieben hat und wenn das Wetter mitspielt), vergrößere die bereits gemachten Einschnitte, damit die Wurzeln leichter hindurchwachsen können, und befeuchte die Schale der Zitrusfrüchte gut, um ihre Zersetzung zu beschleunigen.

Pluspunkt: Die Schale von Bio-Zitrusfrüchten wird in der Erde sehr leicht abgebaut. Sie ist reich an Spurenelementen wie etwa Kalzium und Kalium.

1 2

3 4

Regenrinnen-
Blumenkasten

Materialien

1 Stück Dachrinne

Dübel und dazu passende Schrauben

1 dekorative alte Schüssel

Blumen- oder Kräutererde

Blumen oder Kräuter

Werkzeuge & Hilfsmittel

Akkuschrauber oder Schraubenzieher

Bohrmaschine mit dem passenden Bohraufsatz für die betreffende Wand

Im Handumdrehen lässt sich bei diesem Projekt das Nützliche mit dem Schönen verbinden!

Befestige ein Stück Dachrinne mit Schrauben und Dübeln so an einer Wand, dass die Rinne leicht schräg verläuft und der Ausfluss über einer Schüssel liegt, in die überschüssiges Wasser abfließen kann.

Bringe Erde ein und pflanze Blumen oder Kräuter hinein.

Pflanz-Kärtchen

Materialien

**Altpapier (Brief-
umschläge, Schmier-
papier…)**
Samen
Garnreste
**getrocknete Blumen,
Perlen, Federn oder
andere Verzierungen …**

Werkzeuge &
Hilfsmittel

**hitzebeständige
Schüssel**
Schwammtuch
Schöpfrahmen
**Stoffstücke in der
Größe des Siebrahmens**
**flache Wanne oder hohes
Backblech**
Stabmixer
Schere

Vorlage

siehe S.202

Reiße Papier in kleine Fetzen, gib sie in eine Schüssel und gieße heißes Wasser darüber. Sobald die Papierstücke weich geworden sind, püriere sie mit dem Stabmixer, sodass ein feiner Papierbrei entsteht. Je glatter der Brei, umso feiner wird am Ende das geschöpfte Papier.

Gieße etwas Wasser in eine Wanne, die groß genug ist, um den Schöpfrahmen darin eintauchen zu können. Gib den Papierbrei und die Samen hinzu und mische alles gut durch. Tauche den Schöpfrahmen waagerecht in die Wanne.

Sobald das Sieb des Schöpfrahmens mit einer gleichmäßigen Schicht Papierbrei bedeckt ist, hebe es waagerecht nach oben aus der Papierpulpe, lege ein Stück Stoff darauf, drehe das Sieb über Kopf um und lege alles auf die Arbeitsfläche. Tupfe mit einem Schwammtuch auf das Sieb, um überschüssiges Wasser zu entfernen, dann hebe den Schöpfrahmen ab. Bedecke das handgeschöpfte Papier mit einem weiteren Stück Stoff und lasse es trocknen. Wiederhole den Vorgang, bis du die gesamten Zellfasern aus der Papierpulpe geschöpft hast.

Entferne die Stoffstücke, sobald die Papierpulpe getrocknet ist. Schneide aus dem Papier Anhänger zu (siehe Vorlage auf S.202).

Fädele Verzierungen auf Garnfäden und bringe diese als Aufhänger an den Karten an.

Keinen Schöpfrahmen zur Hand?

Nimm einen gebrauchten rechteckigen Bilderrahmen. Schneide ein Stück Netzgewebe oder feinmaschigen Draht zurecht, das etwas größer ist als der Rahmen, spanne es über den Rahmen und tackere es rundherum fest.

Kleine Pensionen versus Hotelburgen

Da die verschiedenen Insektenarten spezifische Bedürfnisse
haben, ist es schwierig, sie in einem »großen Hotel«
unterzubringen, das allen gerecht wird. Infolgedessen
sind spezialisierte kleinere »Insekten-Pensionen« eine
gute Sache, die auf die Besonderheiten jeder Art
eingehen. Du kannst sie von ihrer Form her anpassen
und in einer geeigneten Umgebung platzieren, um ideale
Lebensbedingungen für die jeweilige Spezies zu schaffen.

Insektenunterkünfte

Materialien

1 Bodenform einer
hölzernen Käseschachtel
oder 1 Holzrandsieb
unbehandelte
Holzleisten

Werkzeuge &
Hilfsmittel

Holzleim
Fein- oder Stichsäge
Karton

MARIENKÄFERHÜTTE

Säge die Leisten zurecht und klebe sie im Abstand
von 0,5 cm in das Innere des Käseschachtel, um
den Boden auszukleiden. Um dies zu erleichtern,
lege die Form flach vor dir hin und verwende ein
Kartonquadrat von 0,5 cm Größe, um den Abstand
zwischen den Brettern zu markieren. Hänge die
Marienkäferhütte an einem sonnigen Ort auf, der
vor Wind und Wetter geschützt ist.

GUT ZU WISSEN

Marienkäfer sind kleine, aber sehr fressfreudige
Insekten, die unter anderem Brennnesseln, Kapuzinerkresse, Borretsch bzw. Pflanzen lieben, die
verstärkt von Blattläusen besiedelt werden!

Materialien

1 Bodenform einer
hölzernen Käseschachtel
oder 1 Holzrandsieb
unbehandelte Bambus-
röhren mit maximal
12 mm Durchmesser

Werkzeuge &
Hilfsmittel

Feinsäge oder
Gartenschere

WILDBIENENHAUS

Säge oder schneide zahlreiche Bambusröhrenstücke
in der Länge der Höhe der Käseschachtel-Form zu
und schichte sie dicht an dicht so in die Form,
dass diese komplett gefüllt ist. Wenn du keinen
Bambus hast, kannst du auch andere Pflanzen mit
hohlen Stängeln verwenden, wie etwa Schilfrohr oder
Holunderzweige.

Gut zu wissen

Die Solitärbiene, die vom Aussterben bedroht
ist, zählt in Europa zu den ersten Bestäubern im
Frühjahr. Hänge das Bienenhaus 30 cm bis 3 m über
dem Boden auf, an einem wettergeschützten Ort
und in der Nähe einer Nahrungsquelle. Blühende
Pflanzen wie etwa Weißdorn, Himbeere, Klatschmohn,
Salbei, Kornblume oder Borretsch ziehen die Bienen
besonders an.

Wenn du ein Holzrandsieb
verwendest, kleide
den Boden des
Siebes mit einem
zurechtgeschnittenen
Stück Pappe oder Holz
aus, denn Insekten mögen
keinen »Durchzug«.

Pflanzen im Gemüsegarten
Freunde oder Feinde?

In einem ertragreichen Gemüsegarten arbeiten einige Gemüsesorten zusammen und stimulieren einander. Bestimmte Pflanzen schützen sich gegenseitig vor Schädlingen und Krankheiten, andere wiederum kommen nicht so gut miteinander klar!

	Pflanzpartner	Konkurrenten
Knoblauch	Kopfsalat, Spinat, Karotten, Rote Bete	Bohnen, Erbsen
Mangold	Knoblauch, Zwiebeln, Karotten, Kohl, Bohnen	Tomaten, Spinat
Karotten	Knoblauch, Bohnen, Tomaten, Zwiebel, Paprika, Rote Bete, Erbsen, Salat, Kohl	
Kohl	Salat, Spinat, Rote Bete, Gurken, Zwiebeln, Kartoffeln, Knoblauch	Radieschen
Gurke	grüne Bohnen, Kohl, Tomaten, Radieschen	Kartoffeln
Kürbisse	Spinat, Salat, Radieschen, Bohnen	Kartoffeln, Kohl, Radieschen
Spinat	Radieschen, Kohl	Rote Bete, Kartoffeln
grüne Bohnen	Gurken, Rote Bete, Kohl	Knoblauch, Zwiebel
Salat	Kohl, Spinat, Zwiebeln, Karotten, Rote Bete	
Erbsen	Karotten, Radieschen, Paprika, Kartoffeln, Kürbis	Knoblauch, Zwiebeln
Paprika	Tomaten, Karotten, Zwiebeln, Erbsen	Kartoffeln
Kartoffeln	Knoblauch, grüne Bohnen	Tomaten, Auberginen
Radieschen	Karotten, Gurken, Bohnen, Salat, Erbsen, Spinat	Kartoffeln, Kohl
Tomaten	Karotten, Basilikum, Gurken, Zwiebeln	Kartoffeln, Paprika

Blumen im Gemüsebeet

Blühpflanzen beleben nicht nur optisch das Gemüsebeet, sie ziehen auch Bestäuber an, die für eine reiche Ernte sorgen. Sie wehren viele Schädlinge ab und erleichtern so die Gartenarbeit.

Borretsch zieht Bienen an und vertreibt Schnecken. Besonders nützlich ist er bei Tomaten, da er Würmer fernhält. Auch auf Zucchini- und Erdbeerpflanzen wirkt er sich positiv aus.

Am Rande des Gemüsegartens schützen Nelken die meisten Gemüsearten vor Schädlingen. Kapuzinerkresse lockt Marienkäfer an, und die fressen Blattläuse ab. Beide Blumenarten sind sehr pflegeleicht. Ein weiterer Vorteil der Kapuzinerkresse: Ihre Blüten verschönern Salatgerichte und verleihen ihnen ein Extra an Würze und Aromen.

3-D-Pflanz-Etiketten

Materialien

ofenhärtende Modellier-masse (gekauft oder selbst gemacht, siehe S.128)
Kartonpapier
deckende Farben
Malerkrepp
Klarlack (optional)
Backpapier

Werkzeuge & Hilfsmittel

Bleistift
Rollstab mit Distanz-scheiben für die Einstellung der Teigdicke (oder herkömmliches Nudelholz, plus quadratische Essstäbchen als Führung)
Messer
Buchstaben-Teigstempel
Schleifpapier mit feiner Körnung
Pinsel
Schere

Vorlage

siehe S.205

Knete die Masse, indem du sie zwischen den Händen erwärmst. Sobald sie geschmeidig ist, walze sie etwa 0,7 cm dick aus. Damit die Teigplatte einheitlich dick wird, verwende einen Rollstab mit Distanzscheiben als Führung (oder ein herkömmmliches Nudelholz, unter das du auf beiden Seiten Essstäbchen legst).

Fertige aus Kartonpapier eine Schablone für das Format der Etiketten an (siehe Vorlage auf S.205). Schneide die Formen aus der ausgewalzten Masse aus, indem du mit einem leicht angefeuchteten Messer dem Umriss der Schablone folgst.

Stempele die Namen der Pflanzen auf die Teigformen und lege diese auf ein mit Backpapier ausgelegtes Backblech. Bearbeite sie leicht mit angefeuchteten Fingerspitzen oder einem Pinsel, um sie zu glätten. Lasse die Formen im Backofen bei der vom Hersteller angegebenen Temperatur in der angegebenen Zeit aushärten.

Lasse die Formen abkühlen, dann schleife sie leicht ab und male kleine farbige Quadrate auf, wobei du die Quadrate vorher mit Malerkrepp abgrenzt, das du nach dem Bemalen wieder entfernst, sobald die Farbe getrocknet ist.

Du kannst die Formen optional dann auch noch lackieren, um sie widerstandsfähiger zu machen.

Warum Pflanz-Etiketten verwenden?

Damit man weiß, was man gepflanzt hat! Kurz nach der Aussaat ist das Schild besonders nützlich, weil es hilft, Unkraut von jungen Trieben zu unterscheiden. Es gibt viele Möglichkeiten, Plastikschilder zu vermeiden (Zweige, Wäscheklammern, Korken, verzierte Steine ...), aber die Etiketten aus Modelliermasse sehen besonders hübsch aus.

Bio-Abfälle
verwerten

Innerhalb der letzten 20 Jahre hat sich die Siedlungsabfallsproduktion in Deutschland stark erhöht … sie stieg pro Einwohner von etwa 458 Kilogramm im Jahr 2000 auf 543 Kilogramm im Jahr 2019. Noch schlimmer ist, dass unsere Mülltonnen zu großen Teilen mit organischen Abfällen gefüllt sind. Pro Kopf und Jahr landen allein in Deutschland etwa 75 Kilogramm Nahrungsmittel im Müll, was nicht nur eine enorme Verschwendung von Ressourcen, sondern auch von Geld darstellt.

Erster Tipp um Müll zu reduzieren? Lebensmittel restlos nutzen! Fragen wir also unsere Großeltern, durchforsten wir das Internet, blättern wir in Kochbüchern und fragen wir andere um Rat, um (wieder) zu lernen, wie man aus überreifem Obst Kompott, aus Karottengrün Pesto und aus altbackenem Brot Desserts zubereitet. Es ist erstaunlich, wie viele leckere Gerichte man mit etwas Kreativität aus ein paar Resten zaubern kann.

Natürlich klappt das nicht immer, und wir werden vermutlich weiterhin ab und zu verdorbene Obststücke oder Eierschalen wegwerfen müssen. In diesem Fall heißt es: Ab auf den Kompost oder in die Biotonne.

Wer in der Stadt wohnt und keinen Garten oder Balkon hat, kann in Absprache mit der Eigentümergemeinschaft oder dem Vermieter einen Kompost im Hof anlegen oder sich bei der Stadtverwaltung nach einem Gemeinschaftskomposter in der Nähe erkundigen. Man kann sich auch für eine individuelle Indoor-Lösung wie den Bokashi-Eimer (siehe S. 59) oder den Komposter-Turm (siehe S. 39) entscheiden. Einige Modelle verfügen sogar über kombinierte Pflanztöpfe, in denen man direkt Kräuter und Co anbauen kann.

KOMPOST, EINE GEBRAUCHSANWEISUNG

Hast du einen Balkon, einen Hof oder einen Garten? Dann beginne mit der traditionellen Kompostierung! Diese Methode ist nach wie vor die effektivste, um organische Abfälle zu reduzieren. Durch sie entsteht zudem ein nährstoffreicher Humus, den du für deine Pflanzen nutzen kannst. Fertige Komposter sind im Handel erhältlich, bestehen aber oft aus Plastik. Dabei ist es eigentlich ganz einfach, einen Komposter aus Holzbrettern, gebrauchten Paletten oder Altmetall zu bauen. Wer über ein ausreichend großes Grundstück verfügt, kann sogar einfach einen großen Haufen auf dem Boden oder in einer Grube anlegen.

Sobald du die Materialien zusammenge-stellt hast, die du benötigst, bestimme den richtigen Standort. Dein Komposter sollte leicht zugänglich sein und weder zu weit vom Haus entfernt sein noch zu nahe daran liegen. Er sollte eher im Schatten liegen und so angelegt sein, dass du ihn bequem mit einer Gartenharke oder einem Spaten bearbeiten kannst.

Lege zunächst eine erste, mehrere Zenti-meter dicke Schicht aus abgeschnittenen Zweigen und Ästen an. Füge eine zweite Schicht aus Laub, Erde, Stroh, trockenem Gras, kleinen Kartonstücken usw. hin-zu. Dann ist dein Komposter auch schon bereit, deine feuchten/grünen Abfälle (Obst, Gemüse, Blumen, Mähgut usw.) und trockenen/braunen Abfälle (Laub, Tee, Reste von Kraftpapier oder Eierschachteln usw.) aufzunehmen. Das optimale Verhält-nis ist 50-70 Prozent feuchter Abfall zu 30-50 Prozent trockenem Abfall. Behal-te alles gut im Auge, damit der Kompost weder zu feucht (widerliche Gerüche, Schimmel …) noch zu trocken (keine Zer-setzung mangels Bakterien …) ist. Je nach Standort kannst du ihn abdecken oder nicht, aber der Kompost sollte in jedem Fall regelmäßig gewendet werden. Nach einigen Monaten entsteht an der Basis ein krümeliger, gebrauchsfertiger Humus mit dem Geruch von feuchtem Waldboden.

Was darf rein in den Kompost?

• Obst- und Gemüsereste (außer behandelte Zitrus- oder Bananenschalen)
Kaffeesatz
Papierfilter
Eierschalen
Brot
• Grünabfälle aus dem Garten ohne chemische Behandlung.

Das Kompostieren ist eine hervorragende Möglichkeit, ohne jegliche Kosten unverzichtbaren organischen Humus herzustellen, mit dem du deine Anpflanzungen nähren und düngen kannst.

Komposter-Turm
aus Terrakotta

Materialien

3 Übertöpfe aus Terrakotta in gleicher Größe

2 Stücke Volierendraht

1 Stück Sperrholzplatte in der Größe des Durchmessers der Übertöpfe

1 Griff aus Metall

2 Holzschrauben

Werkzeuge & Hilfsmittel

Bohrmaschine mit Fliesenbohraufsatz

Fein- oder Stichsäge für Holz

Schleifpapier

Akkubohrer oder Schraubenzieher

Bleistift

Seitenschneider

Um den Deckel herzustellen, zeichne mithilfe eines umgedrehten Übertopfes mit Bleistift einen Kreis auf das Sperrholzstück. Säge den Kreis aus. Schleife die Schnittflächen leicht glatt ab, dann schraube den Griff oben in der Mitte fest.

Drehe zwei der Übertöpfe um, befeuchte jeweils ihren Boden und bohre vorsichtig jeweils ein Loch in die Mitte. Schleife die Kanten der Löcher ab, drehe die Übertöpfe wieder um und lege je ein Stück Volierendraht in sie, das du passgenau zur Bodenfläche zugeschnitten und zurechtgeformt hast.

Stapele die beiden Übertöpfe über den dritten Übertopf (den ohne Loch) und setze auf dem oberen Topf den Deckel auf.

Sobald der oberste Topf mit organischen Abfällen gefüllt ist, tausche ihn gegen den darunterliegenden Topf aus. Denke daran, den Kompost regelmäßig zu wenden.

Die Flüssigkeit aus dem untersten Topf kannst du regelmäßig abgießen und mit Wasser verdünnt als Pflanzendünger verwenden.

Vasen aus
Plastikflaschen

Materialien

Gipsbinden (erhältlich in Apotheken sowie in Heimwerker- oder Bastelbedarfsläden)

2 leere Plastikflaschen

deckende Farbe in Weiß, Rosa und Ockerbraun

farbiges Garn

Malerkrepp

Werkzeuge & Hilfsmittel

Schüssel

Pinsel

Schere

Schneide ein Stück Gipsbinde ab und tauche es für einige Sekunden in eine Schüssel mit lauwarmem Wasser. Schmiege es an eine Flasche und bringe nach und nach weitere Gipsbindenstücke an, wobei du deren Ränder überlappen lässt und dann alles mit den Fingern glatt streichst.

Kleide die zweite Flasche auf dieselbe Weise mit Gipsbinden ein und lasse alles gut trocknen.

Bemale die Flaschen mit weißer Farbe und lasse alles erneut trocknen.

Bringe Malerkrepp im unteren Drittel oder mittig auf den Flaschen an und bemale dann den Bereich darüber oder darunter in Rosa oder Ocker (oder anderen Farben deiner Wahl). Entferne das Malerkrepp sofort, um die weiße Untergrundfarbe nicht zu beschädigen, dann lasse die Flaschen trocknen.

Du kannst die Vasen aufstellen oder mithilfe von buntem Garn aufhängen, das du um den Flaschenhals wickelst.

Alte Plastikflaschen aufhübschen

Wenn du dieses Buch in den Händen hältst, ist es unwahrscheinlich, dass du viele Getränke in Plastikflaschen kaufst. Da weltweit jede Minute fast eine Million Plastikflaschen über den Tresen gehen, bekommst du aber sicherlich ein paar, wenn du in deinem Bekanntenkreis nachfragst.

Das richtige Vogelfutter verwenden

Für die Befüllung der Stationen sollte Bio-Vogelfutter verwendet werden, das aus für Wildvögel geeigneten Fetten und Körnern hergestellt wurde. Einige industriell hergestellte Produkte enthalten leider Zusatzstoffe, die für Vögel schädlich sind. Kaufe vor allem niemals Netzkugeln, in denen sich die Tiere verheddern können. Bevorzuge außerdem lose Ware, die es ermöglicht, den Verpackungsmüll zu reduzieren.

Vogel-Futterstationen

Materialien

1 kleiner leerer Getränkekarton ohne Drehverschluss

1 großer leerer Getränkekarton mit Drehverschluss

deckende Farben

Klarlack

dünne und leichte Holz- oder Balsaplatte

Stäbchen (quadratische Essstäbchen, dünne gerade Zweige etc.)

Schnur zum Aufhängen

Werkzeuge & Hilfsmittel

Cutter

Pinsel

Heißklebepistole

Stanzzange oder Stechahle

Bemale beide Getränkekartons, lackiere sie und lasse jede Schicht immer gut trocknen.

KLEINE FUTTERSTATION

Schneide jeweils eine identisch große ovale Öffnung in zwei gegenüberliegende Seiten des kleinen Getränkekartons. Stanze/bohre zwei kleine Löcher knapp darunter und stecke ein Stäbchen als Sitzstange für die Vögel hinein. Klebe es mit Heißkleber fest.

Schneide zwei kleine Platten aus dünner Holzplatte aus, die auf jeder Seite 1 cm länger und breiter sind als die Oberseite des Getränkekartons. Lackiere sie und lasse sie trocknen. Klebe sie mit Heißkleber oben auf den Getränkekarton, sodass ein schräges Dach entsteht. Stanze/bohre zwei kleine Löcher in die obere Lasche des Getränkekartons, dann ziehe ein Stück Schnur durch, um die Station aufzuhängen.

GROSSE FUTTERSTATION

Schneide an jeder Seitenkante einen horizontalen Schlitz in den großen Getränkekarton, 2 cm vom unteren Rand entfernt. Knicke die Kanten keilförmig nach innen ein. Stanze/bohre ein Loch in den unteren Teil des Getränkekartons und ein weiteres gegenüber, stecke ein Stäbchen als Sitzstange hindurch und klebe es fest. Stanze/bohre zwei weitere Löcher etwas versetzt in die anderen beiden Seiten und bringe eine weitere Sitzstange an. Stanze/bohre zwei kleine Löcher in die obere Lasche und bringe Schnur als Aufhänger an.

Hänge die Stationen an einem wettergeschützten Ort auf, der übersichtlich ist, damit die Vögel die Ankunft möglicher Fressfeinde beobachten können.

Küche

Bento-Bag

Materialien

Baumwollstoff
Nähgarn

**Werkzeuge &
Hilfsmittel**

Nähnadel
Bleistift
Schere

Vorlage

siehe S.200

Schneide zwei gleich große Stoffrechtecke so zu, dass die Länge 3-mal so groß ist wie die Breite.

Nähe die beiden Teile rechts auf rechts zusammen, lasse dabei eine kleine Öffnung und wende das Werkstück durch die Öffnung. Vernähe die Öffnung mit kleinen Blindstichen.

Falte den Stoff und vernähe ihn dann nach der Vorlage auf S.200.

Die Enden der Bento-Bag lassen sich leicht verknoten und lösen, sodass du alles, was du transportieren möchtest, bequem hineinstecken und herausnehmen kannst.

Wozu dient die Tasche?

Die Bento-Bag, die in Japan traditionell zum Transport von Lebensmitteln verwendet wird, ist eine große, supereinfache Tasche, die sich in tausendundeiner Situation als sehr nützlich erweisen kann. Sie ist das perfekte Accessoire, um eine Tortenplatte zu transportieren, die Brötchen in der Bäckerei abzuholen oder um Strickzeug aufzubewahren.

Mehrweg-Schwämme

Materialien

ausrangiertes Frotteehandtuch

ausrangierte gesponnene Feinstrumpfhose

Stoffreste

10 cm Band oder Kordel

Nähgarn

Werkzeuge & Hilfsmittel

Nähnadel

Stecknadeln

Stoffschere

Schneide ein 6 x 16 cm großes Rechteck aus einem Frotteehandtuch und ein weiteres aus einem Stoffrest aus. Lege die beiden Stoffrechtecke rechts auf rechts übereinander und vernähe sie rundherum, aber lasse oben in der Mitte eine Öffnung.

Wende das Werkstück auf rechts und stopfe es dann mit einer Strumpfhose aus.

Falte das Stück Band oder Kordel in der Mitte und schiebe die Enden durch die Öffnung des Werkstückes. Vernähe die Öffnung mit einigen festen Stichen, wobei du die Enden des Aufhängers mit in die Naht aufnimmst.

Hübsche Helfer

Generell sind viele im Handel erhältliche Schwämme Einwegartikel, was bedeutet, dass sie unendlich oft ersetzt werden müssen, was Ressourcen, Energie, Verpackungen usw. verbraucht. Vor allem aber sind Abwaschschwämme wahre Brutstätten für Bakterien, die Milliarden von Keimen enthalten können! Aus hygienischen Gründen sollten wir alle unsere Schwämme regelmäßig austauschen oder bei hohen Temperaturen waschen. Und damit ist auch schon klar, warum diese waschbaren Modelle bares Geld sparen. Sie sehen außerdem noch richtig gut aus!

Schluss mit Frischhaltefolie,
es lebe das Wachstuch!

Heize den Backofen auf 80 °C vor und lege ein Backblech mit Backpapier aus. Schneide aus Baumwoll- oder Leinenstoff Stücke in der gewünschten Form und Größe aus (kleine und große Quadrate, Rechtecke oder Kreise).

Lege ein Stück Stoff mit der Rückseite nach unten auf das Backpapier und bestreue es mit einer dünnen, gleichmäßigen Schicht aus lebensmittelechten Bienen- oder Pflanzenwachsspänen, die bis an die Ränder reicht (für ein Quadrat mit einer Seitenlänge von 25 cm werden etwa 2 EL Wachsspäne benötigt).

Schiebe das Blech in den Ofen. Wenn das Wachs nach 3–5 Minuten geschmolzen ist, nimm das Blech aus dem Ofen und verteile das Wachs mit einem Pinsel von der Mitte des Stoffes bis zu den Rändern. Wenn noch einige Bereiche nicht beschichtet sind, füge mehr Wachs hinzu, schiebe den Stoff erneut für 2 Minuten in den Ofen und verteile dann das Wachs mit dem Pinsel.

Sobald der Stoff vollständig beschichtet ist, hebe ihn mit einer Zange an und lasse das Wachstuch auf einer Wäscheleine hängend aushärten.

Vorsicht bei den Farben

Manchmal färben die Drucke/Farben einiger Stoffe leicht ab. Um das zu verhindern, lasse die Ofentür leicht geöffnet, damit du alles im Blick hast, und nimm das Blech sofort aus dem Ofen, wenn das Wachs geschmolzen ist.

Das Wachstuch lässt sich mit einem Schwamm und kaltem Wasser reinigen. Wenn die Beschichtung zu abgenutzt ist, schneide die Ränder des Tuches ab und schiebe es mit etwas Wachs wieder in den Ofen. Er wird so gut wie neu sein! Wenn du kein tierisches Bienenwachs verwenden möchtest, gibt es auch pflanzliche lebensmittelechte Wachse, z. B. Sojawachs.

KÜCHE

Bee Wrap

Materialien

Rest eines nicht zu dicken Baumwoll- oder Leinenstoffes

lebensmittelechte Wachsspäne oder -granulat

1 kleine Muschelschale

1 langes Stück Kordel

Backpapier

Werkzeuge & Hilfsmittel

Bleistift
Lineal
Heißklebepistole
Stoffschere oder Bordürenschere

Dieses mit Bienen- oder Sojawachs beschichtete Tuch ist eine nachhaltige und biologische Alternative zu Alu- und Frischhaltefolie. Es ist superpraktisch, lässt sich im Nu reinigen und ist wiederverwendbar. Es ist eine sehr einfache ökologische Lösung, um mit der Müllvermeidung zu beginnen!

Zeichne auf der Rückseite des Stoffes eine Form in der gewünschten Größe auf und schneide sie aus. Du kannst dies mit einer speziellen Bordürenschere tun, aber auch eine normale Stoffschere eignet sich gut. Der Stoff wird durch das Wachs nicht ausfransen.

Schütze dein Backblech mit Backpapier und lege den Stoff darauf. Verteile das Wachs auf dem Stoff, aber nicht zu viel, da das Wachstuch sonst zu steif wird!

Gib den Stoff bei 80 °C in den Ofen. Nimm das Blech nach 3–5 Minuten aus dem Ofen, hebe den Stoff an, damit das überschüssige Wachs abtropfen kann, und hänge ihn an einer Wäscheleine auf, bis das Wachs fest geworden ist.

Wenn dein Bee Wrap fertig ist, musst du ihn nur noch wie ein Täschchen in 4 Teile falten.

Ziehe ein langes Stück Kordel durch die Muschelschale und klebe die Muschel dann mit Heißkleber auf die obere Seite der Wachstuchfaltung. Wenn du keine Muschel hast, kannst du sie durch ein kleines Stück Zweig oder einen Knopf ersetzen.

Schüttgut-Beutel

Materialien

Stoffreste
1 m Textilband oder -kordel
Textildruckfarbe

Werkzeuge & Hilfsmittel

Buchstabenstempel
Nadel
Nähgarn
Stecknadeln
Stoffschere
Bügeleisen
kleine Sicherheitsnadel

Schneide ein Stoffrechteck in der gewünschten Breite und der doppelten Höhe des Beutels (plus 6 cm Zugabe) zu.

Stecke an der Kante jeder Breitseite auf der linken Seite des Stoffes einen Schlauch für den Kordelzug ab und nähe die Faltung wie einen Saum zusammen.

Falte den Stoff in der Mitte, rechts auf rechts, und vernähe die betreffenden Seiten. Schneide die Kanten sauber nach, dann wende das Werkstück auf rechts.

Stempele den Namen des geplanten Inhalts mit Textildruckfarbe auf den Beutel und fixiere die Farbe nach Herstellerangabe mit dem Bügeleisen.

Ziehe ein Stück Band oder Kordel durch den Kordelzug. Verwende hierfür optional eine kleine Sicherheitsnadel als Führung.

Tipp
Unbedruckte helle Naturfaserstoffe kannst du gut mit »Veggie-Farben« färben (siehe S. 71).

Alles gut eingetütet
Mit diesen schönen, praktischen, langlebigen, waschbaren und leicht zu transportierende Beuteln bist du beim Einkaufen gut ausgerüstet. Nutze sie, um Obst und Gemüse, Getreide oder Nüsse abzufüllen. Oder, um Wildkräuter zu sammeln, Snacks zu verpacken und sogar kleine Geschenke.

Besteck
mit Charisma

Materialien

einzelne ausrangierte oder antiquarische Besteckstücke

wasserfeste Lacksprühfarbe

Plastikfolie oder Zeitungen

Malerkrepp

Werkzeuge & Hilfsmittel

Schleifpapier mit feiner Körnung

Markiere mit Malerkrepp auf den Griffen des Besteckes die Bereiche, die du mit Farbe besprühen möchtest – bzw. lasse die Bereiche, die farbig werden sollen, frei. So erhältst du am Ende gerade Farbkanten.

Schleife die Bereiche, die du besprühen möchtest, mit Schleifpapier ab. Schütze die Arbeitsfläche sowie die Bereiche des Besteckes, die du nicht besprühen möchtest, mit Plastikfolie oder Zeitungspapier. Besprühe die gewünschten Teile des Besteckes auf der Oberseite.

Lasse die Farbe trocknen und besprühe dann auch die Unterseite. Lasse alles trocknen und entferne das Malerkrepp und die Schutzmaterialien.

Tipp

Wasche das lackierte Besteck von Hand mit einem nicht scheuernden Schwamm, also nicht in der Maschine.

Hübsch aufgedeckt!

Einzelne Besteckstücke, die du auf Omas Dachboden, auf Flohmärkten oder im eigenen Keller findest – hier bekommt das Besteck mit ein paar Farben und viel Einfallsreichtum neuen Pep. Und dein bunt gedeckter Tisch wird zum echten Hingucker!

Bokashi-Eimer

Materialien

Wasserspender mit Hahn

4 kleine Holzklötze

1 Kunststoffplatte mit den Innenmaßen des Wasserspenders

Farblack

Sekundenkleber

Bokashi-Ferment

Werkzeuge & Hilfsmittel

Pinsel

Bohrmaschine mit Kunststoffbohraufsatz oder Stechahle

Wenn du keinen Garten hast und trotzdem organisches Material verwerten möchtest, ist Bokashi genau das Richtige für dich! Großer Vorteil des Bokashi-Eimers? Im Gegensatz zu einem Komposter kannst du auch Zitrusfrüchte und Fleisch einfüllen.

Lackiere den Wasserspender in der Farbe deiner Wahl und lasse ihn trocknen.

Klebe die Holzklötze auf zwei Dritteln Höhe in gleichmäßigen Abständen ins Innere des Wasserspenders.

Bohre oder steche kleine Löcher in die Kunststoffplatte, um eine Art Gitter zu bilden.

Setze das Gitter in den Wasserspender auf die Klötze.

Bestreue das Kunststoff-Gitter im Wasserspender mit Bokashi-Ferment und füge grob zerkleinerte organische Abfälle hinzu. Verdichte sie, streue wieder Bokashi-Ferment darauf und verdichte alles erneut. Verschließe den Wasserspender luftdicht, denn für eine funktionierende Fermentation braucht es anaerobe Bedingungen.

Nach einer Woche kann über den Hahn eine nährstoffreiche Flüssigkeit abgelassen werden. Sie ist ein sehr guter Pflanzendünger, wenn du sie 1 zu 100 mit Wasser verdünnst. Du kannst sie auch pur in den Abfluss gießen, um Verstopfungen vorzubeugen!

Was ist *Bokashi*?

Bokashi ist eine aus Japan stammende Alternative zur Kompostierung, die sich besonders für Stadtbewohner eignet, die nicht über ausreichend Platz oder Außenflächen verfügen. Die Methode basiert auf Fermentation und erfordert einen luftdichten Behälter und spezielle Mikroorganismen.

Teebeutel
zum Wiederverwenden

Materialien

dünne Gaze aus Bio-Baumwolle

dünne geflochtene, lebensmittelechte Baum-wollkordel

lebensmittelechtes goldfarbenes Stickgarn

kleiner Stoffrest (optional)

kleiner Schmuckanhänger oder Troddel (optional)

Werkzeuge & Hilfsmittel

Sticknadel

Stecknadeln

Stoffschere

Schneide pro Teebeutel aus Gaze ein Rechteck im Format 8 x 12 cm aus.

Lege ein 40 cm langes Stück Baumwollkordel oben über eine Längsseite des Gaze-Rechteckes, schlage die Stoffkante 2-fach darüber und stecke einen Kordelzug mit Stecknadeln ab. Vernähe die Unterkante des Kordelzuges mit zwei Fäden goldfarbenem Stickgarn.

Falte den Stoff rechts auf rechts in der Mitte und nähe den unteren Teil und die Seite bis zum unteren Ende des Kordelzuges zusammen. Wende das Säckchen auf rechts.

Binde die Enden der Kordel mit einem doppelten Knoten zusammen. Verziere dann optional die Enden der Kordel mit einem kleinen bestickten Stoffrest, einer Troddel oder einem kleinen Schmuckanhänger.

Tea Time Forever!

Obwohl klein, haben Einweg-Teebeutel alles, was echte Umweltverschmutzer ausmacht: Sie sind oft überverpackt und mit bedruckten Papieranhängern versehen, die im Wasser unangenehm aufweichen. Die Lösung? Dieser wiederverwendbare Teebeutel sieht nicht nur hübsch aus, sondern kann nach Lust und Laune mit losen duftenden Teezutaten befüllt werden.

Kräuter-Trockner

Materialien

3 Dämpfkörbe (oder runde Rüttelsiebe) mit gleichem Durchmesser

Kordeln oder dünne Seile

Werkzeuge & Hilfsmittel

Bohrmaschine mit Holzbohraufsatz

Bleistift

Geodreieck

Bringe auf allen 3 Dämpfkörben jeweils 1 cm vom oberen Rand entfernt mit Bleistift 3 Markierungen in gleichem Abstand an, die ein gleichseitiges Dreieck bilden. Bohre Löcher an den markierten Punkten.

Bohre dann in die Seiten der beiden oberen Dämpfkörbe jeweils 3 Löcher unterhalb der bereits gebohrten Löcher, 1 cm vom unteren Rand der Körbe entfernt.

Schneide 9 gleich lange Stücke Kordel ab. Knüpfe bei 3 von den Seilen je einen dicken Stopper-Knoten an einem Ende, ziehe die losen Enden von innen nach außen durch die oberen Löcher des ersten Dämpfkorbes. Dann führe sie oben zusammen und bündele sie mit einem Doppelknoten.

Mache dann an je einem Ende der restlichen 6 Kordelstücke einen festen Stopper-Knoten. Führe je ein loses Ende durch die restlichen Löcher der Körbe, um sie paarweise untereinander hängend zu verbinden, und binde an jedem Kordelende einen Doppelknoten als Stopper, um alles zu fixieren. Passe dabei die Kordellängen so an, dass die Körbe waagerecht hängen.

Hänge die Kräuter-Trockner in einem dunklen, trockenen Raum auf, in dem die Luft zirkuliert. Lege in einer lockeren, einfachen Schicht frische Kräuter in die Körbe und lasse sie trocknen.

Keimglas für Sprossen

Materialien

Glasgefäß
Tüll
dünne Kordel

**Werkzeuge &
Hilfsmittel**

Schere

Schneide ein Quadrat aus Tüll aus, das etwas größer als die Öffnung des Glasgefäßes ist, und lege es über die Öffnung, wobei du die Seiten des Tülls an das Glas drückst. Wickele ein Stück Kordel darum und fixiere den Tüll damit (nachdem du das Keimgut eingefüllt hast).

SPROSSENAUFZUCHT

Fülle eine kleine Handvoll Sprossen-Keimgut in das Keimgerät und gieße zimmerwarmes Wasser auf, sodass das Keimgut vollständig bedeckt ist. Lege das Tülltuch über die Öffnung, fixiere es und lasse das Keimgut etwa 10 Stunden im Wasser vorkeimen. Gieße das Wasser vollständig ab und spüle das Keimgut 2- bis 3-mal behutsam mit frischem Wasser ab. Lasse es weiter keimen.

Spüle das Keimgut in den nun folgenden Tagen täglich 2-mal mit frischem Wasser ab und schüttele dabei die Sprossen sanft durch, damit nichts schimmelt. Die meisten Sprossen sind essbar, sobald sie etwa 3 cm groß sind, folge bei der Dauer der Sprossenaufzucht aber den jeweiligen Produktangaben. Verzehre fertig gekeimte Sprossen am besten sofort oder bewahre sie maximal 2 Tage im Kühlschrank auf.

Gesund und knackig!

Gekeimte Samen und Körner werden schon seit der Antike geschätzt! Sie besitzen viel mehr Mikronährstoffe als ihre ungekeimten Versionen und sind reich an Vitaminen, Proteinen, Ballaststoffen und Spurenelementen, die unser Immunsystem stärken. Als »lebendes« Superfood, also rohes, frisches und unverarbeitetes Nahrungsmittel, sind gekeimte Samen wahre Nährstoffnuggets. Streue sie über Salate, Rohkostgerichte, Suppen, Gemüse und Sandwiches.

Brotzeit-Tüte

Materialien
Wachstuch
Nähgarn
große Wäscheklammer

Werkzeuge & Hilfsmittel
Stecknadeln oder kleine Stoffklammern
Nähmaschine
Stoffschere
abwischbarer Marker

Vorlage
siehe S.205

Markiere mit Marker auf der Rückseite des Wachstuches Rechtecke in folgenden Formaten (plus je 1 cm Nahtzugabe an den Seiten) und schneide die Rechtecke aus:

2 Rechtecke mit 20 x 30 cm für die Vorderseite

2 Rechtecke mit 30 x 12 cm für die Seiten

1 Rechteck mit 12 x 20 cm für den Boden.

Nähe die Teile entlang der Markierungslinien mit kleinen Stichen rechts auf rechts gemäß der Vorlage auf S.205 zusammen. Nutze dabei Stecknadeln oder Stoffklammern als Fixierhilfe, damit die Teile nicht verrutschen.

Wende das Werkstück auf rechts. Verschließe den Beutel nach dem Befüllen mit einer Wäscheklammer.

Alles gut verpackt

Mit dieser hübschen und leicht abwischbaren Brotzeit-Tüte kann man auf unnötige Einwegverpackungen verzichten und unliebsame Flecken (wie etwa von Schokolade, Butterbroten, Obst und Co) im Rucksack vermeiden.

Sternkachel-Spritzschutz
aus Holzplattenresten

Materialien

Holzplattenreste in der gleichen Stärke

Holzleim

Sperrholzplatte als Untergrund

matter Klarlack

Wanddübel und Schrauben in der passenden Größe

Werkzeuge & Hilfsmittel

Schleifpapier mit feiner Körnung

Stichsäge

Pinsel oder Lackierrolle

Bohrmaschine mit Wandbohraufsatz

Vorlage

siehe S.201

Schneide die einzelnen Kacheln in der gewünschten Anzahl und Größe mithilfe der Vorlage (siehe S.201) aus Holzplattenresten aus.

Du kannst nur eine Holzplattenart verwenden, wie in dem Beispiel auf dem Foto, bei dem alle Kacheln aus Kieferplatte gefertigt wurden. Es ist aber durchaus möglich, mehrere Holzplattenarten zu nutzen, um einen stärkeren Recycling-Effekt zu erzielen und auch kleinere Reste zu verwerten!

Klebe die Holzplattenkacheln mit Holzleim auf die Sperrholzplatte und lasse alles gut trocknen.

Schleife sie leicht an und lackiere sie mit einer Schicht Klarlack.

Befestige die Vorrichtung mit Schrauben und Dübeln an der Küchenwand.

Weitere Ideen

Du hast bereits einen hübschen Spritzschutz in der Küche, möchtest aber trotzdem Holzplattenreste aufbrauchen?

Verwende die gleiche Methode, um Untersetzer, Tabletts oder andere Dekostücke anzufertigen, und passe die Kachelgröße entsprechend an.

Natürliche Textilfärbemittel
kurz erklärt

Die Textilindustrie ist die am zweitstärksten verschmutzende Industrie der Welt, vor allem wegen der verwendeten Farbstoffe, die oft jede Menge nicht sehr umweltfreundlicher Chemikalien enthalten!

Das Pflanzenfärben ist eine ökologische und natürliche Lösung: Verhilf alten Kleidungsstücken oder anderen Textilien zu einem zweiten Leben, indem du deine pflanzlichen Abfälle zum Färben verwendest. Das spart Geld und schont die Umwelt!

Es gibt jedoch eine Bedingung für die Verwendung von »Veggie-Farben«: Das zu färbende Textil muss aus natürlichen Fasern wie etwa Baumwolle, Leinen, Hanf oder Wolle bestehen und sollte Kochtemperaturen gut vertragen.

DIE BEIZ- UND FIXIERMITTEL

Fixiermittel sind beim »Veggie-Färben« Mineralsalze, die dem Farbstoff zugesetzt werden, um die Farben zu fixieren und/oder zu verändern. Dies kann vor, während oder nach dem Färben geschehen. Die Mittel verändern oft den Farbton drastisch und haben sehr unterschiedliche Effekte:

Aluminiumkaliumsulfat (Alaun)

Alaun ist in Apotheken erhältlich und sieht aus wie Salzkristalle. Es fixiert die Farben und intensiviert Gelbtöne. Da es die Farbe verändert, sollte der Stoff vor dem Färben getestet werden, um Überraschungen zu vermeiden. Bringe für das Beizbad Wasser und Alaun (10 g Alaun pro 100 g Trockengewicht des Textils) in einem ausrangierten Topf zum Kochen und köchele das Textil 45 Minuten bis 1 Stunde darin. Nimm den Stoff heraus und spüle ihn vor dem Färben mit klarem Wasser aus.

Eisensulfat

Es ist in Gartencentern erhältlich und sieht aus wie blassgrüne Kristalle. Am häufigsten wird es zur Bekämpfung von Schnecken eingesetzt. Dieses Mittel wird in der Regel am Ende des Färbevorgangs verwendet (Nachbeize). Es bewirkt eine sehr schnelle Farbumwandlung und ermöglicht die Erzielung dunklerer Farbtöne (Grautöne, Khaki usw.). Es ist unbedingt erforderlich, das Textil nach dem Beizen mit viel Wasser gründlich auszuspülen.

Wenn der gewünschte Farbton beim Färben erreicht ist, gib 3 g Eisensulfat pro 100 g Textil (Trockengewicht der Fasern) in das Färbebad. Wenn du das Färbebad für eine spätere Verwendung aufbewahren möchtest, kannst du den Stoff auch aus dem Färbebad nehmen und ihn in ein Beizbad (mit der gleichen Wassertemperatur) geben, das du entsprechend vorbereitet hast.

Diese Art der Beize (und der damit behandelte Stoff) sollte mit Vorsicht verwendet werden, da sie die Augen, die Haut und die Atemwege stark reizen kann.

Titandioxid
Es ist bei Onlineanbietern zu finden, die auf Färbemittel spezialisiert sind. Dieses weiße Pulver wird verwendet, um wunderschöne Orangetöne zu erzielen. Dazu muss es mit Gerbstoffen oder natürlichen gelben Farbstoffen (Zwiebeln, Kurkuma …) interagieren.

2–5 g Titandioxid auf 100 g Textilien.

Einige pflanzliche Färbemittel benötigen jedoch keine besondere Beize, um die Färbung zu fixieren, z. B. Walnuss (Fruchthüllen und/oder Blätter), Zwiebelschalen, Obstkerne (Avocado, Mango, Aprikose …), Rosskastanienschalen …

Wenn du das Beizen vermeiden willst, weiche den Stoff einen halben Tag lang in einer Schüssel mit Wasser sowie weißem Essig ein und spüle ihn aus. Der Essig wird dafür sorgen, dass sich die Färbemittel gut festsetzen!

DAS ANSETZEN DES FÄRBEBADES
Erhitze reichlich Wasser in einem Topf und gib dann die ausgewählten Pflanzen in das köchelnde Wasser. Am besten hacke sie, wenn möglich. Lasse das Ganze etwa eine Stunde lang köcheln und entferne dann die Pflanzen aus der Flüssigkeit.

DAS FÄRBEN
Senke die Temperatur und lasse das Färbebad bei schwacher Temperatur auf dem Herd stehen. Gib die zu färbenden Textilien (Stoffe, Garne, Wolle etc.) hinein. Rühre regelmäßig um und lasse die Textilien so lange im Färbebad, bis der gewünschte Farbton erreicht ist. Da sich der Farbton beim Trocknen verändert, mache kleine Stoffproben, die du herausnimmst und schnell trocknest. Wenn du ein Kleidungsstück färben willst, gib vorher ein paar Stoffproben in das Färbebad, um die Farbwirkung zu überprüfen.

Möglich sind viele Farben! Hier ein paar Beispiele:

Gelb: braune Zwiebelschalen, Kurkuma

Rosa: Rote Bete, Avocadokerne

Grün: Feigenblätter (für Blassgrün), Spinat (mit Eisensulfat für ein intensiveres Grün) oder Spinat und Matcha-Tee

Blau: Rotkohl, Spirulina, Färberwaid, Heidelbeere und Aschenlauge

Olivgrün: Karottengrün, dann rote Zwiebel mit Alaunbeize

Beige: Tee, Tannenzapfen und alle Arten von Rinde

Braun: Walnuss-Fruchtschalen

Violett: Blaubeeren

Rot: Hibiskusblüten

Terrakotta: rote Zwiebelschalen

Furoshiki

Materialien

Quadrate aus Baumwoll-, Leinen- oder Seidenstoffresten

Nähgarn

hübsche Bänder und Accessoires zum Verzieren (optional)

Werkzeuge & Hilfsmittel

Nähnadel

Stoffschere

Zickzackschere für Stoff

Vorlage

siehe S.212

Die Herstellung eines Furoshiki ist ganz einfach: Nähe einen Saum rund um das Stoffquadrat oder, wenn du es eilig hast, schneide den Stoff mit einer Zickzackschere zu.

Wickele die gewünschten Gegenstände darin ein. Dies ist eine hübsche und schnelle Lösung, um Snackboxen zu schützen oder um Geschenke zu verpacken.

Bringe optional Bänder und Verzierungen an.

Furoshiki: Was ist das?

Es handelt sich um eine gut 1200 Jahre alte japanische Stoff-Falttechnik, die so viel wie »Bade-Bündel« bedeutet. Die Japaner benutzten sie früher unter anderem, um ihre persönlichen Sachen in einem Stoffbündel zu transportieren und zu verpacken, wenn sie in öffentliche Bäder gingen. Heutzutage wird Furoshiki gerne zum Einwickeln von Geschenken verwendet, was dafür sorgt, dass weniger Papier vergeudet wird!

Beton-Küchenuhr

Materialien

Kreativbeton- oder Zementpulver

Uhrwerk inklusive Zeiger-Set für eine Wanduhr

Boden einer großen hölzernen leeren Käseschachtel

Bastelleim

Malerkrepp

deckende Farbe

Glitzerpulver

Werkzeuge & Hilfsmittel

Wandbohraufsatz mit dem Durchmesser der Uhrzeiger-Halterung

großer Gipsbecher oder ausrangierte Schüssel

Löffel

Pinsel

Rühre das Betonpulver gemäß den Herstellerangaben auf der Verpackung in einem Gipsbecher mit Wasser an, gieße die Betonmasse in den Käseschachtel-Boden und verteile sie durch leichtes Rütteln gleichmäßig.

Sobald der Beton leicht ausgehärtet ist, drücke den Bohraufsatz in die Mitte des Betons, dann schiebe die Zeigerhalterung in das Loch im Beton, um die Stelle frei zu halten (das Loch muss von oben bis unten durch die gesamte Betonschicht reichen).

Lasse den Beton aushärten und löse die Betonplatte aus der Käseschachtel-Form.

Klebe die Linien eines Viertels der Oberfläche mit Malerkrepp ab und bemale das Viertel. Pinsele in Form eines Streifens Bastelleim auf und streue Glitzerpulver darüber. Lasse alles gut trocknen.

Befestige die Zeiger vorne und das Uhrwerk hinten am Beton.

Hinweis

Falls du keinen Gipsbecher besitzt, reinige die Schüssel mit den Betonresten nicht im Waschbecken, da aushärtender Beton/Zement den Abfluss verstopfen kann. Wische stattdessen die feuchten Betonreste mit Küchenkrepp aus der Schüssel.

Tataki Zomé

Diese aus dem Japanischen stammenden Technik bedeutet so viel wie »Gehämmerte Farbe« (*tataki*, »hämmern«, und *zomé*, »färben«). Dabei werden frische Pflanzenteile oder Blüten mittels Klopfen auf ein Textil gepresst, um die Pflanzensäfte als Abbild zu übertragen. Wenn du in deinen Schränken alte weiße Bettlaken, Tischdecken oder Servietten findest, kannst du daraus ein regelrechtes Herbarium zaubern. Die Technik ist auch für Kinder spannend, man muss aber beachten, dass die Beizmittel Augen und Haut reizen können. Daher führe die Beizarbeiten lieber selbst aus.

Pflanzendruck mit
Tataki Zomé

Materialien

Stoffreste aus glatter weißer Baumwolle oder Leinen (altes Bettlaken etc.)

frische Blätter und Blumen

Alaun (oder Eisensulfat)

Werkzeuge & Hilfsmittel

Holzhammer (alternativ normaler Hammer oder ein glatter Kieselstein)

Alutopf (für das Alaunbad)

Schutzhandschuhe

Pinsel

Apothekerschaufel (zum Portionieren des Eisensulfatpulvers)

leere Aludose (zum Anmischen des Eisensulfates mit Wasser)

Bügeleisen

TIPPS

Sofern du einen neu gekauften Stoff verwendest, solltest du ihn vor der Verwendung waschen, da viele Produkte eine chemische Behandlung erfahren, die die Aufnahme der Beizmittel und Pflanzensäfte verhindert. Anstelle von Stoff kannst du auch saugfähiges Papier verwenden.

Für die Alaun-Methode

Gib den angefeuchteten und appreturfreien Stoff in ein Alaunbad (das du aus 30 g Alaun pro 1–1,5 Liter heißem Wasser in einem Alutopf anrührst). Lasse den Stoff im Alaunbad abkühlen, wringe ihn (mit Schutzhandschuhen) aus und lasse ihn trocknen.

Für die Eisensulfat-Methode

Alternativ zur Vorbehandlung mit Alaun kannst du nach dem Hämmern Eisensulfat verwenden. Verdünne es gemäß Herstellerangaben mit Wasser und trage es mit dem Pinsel beim Hämmern auf die Pflanzendrucke auf. Dadurch werden die Farben intensiver, und du wirst einige schöne Überraschungen erleben!

Auswahl der Blätter und Blumen

Damit der Druck gut funktioniert, ist die Wahl der Pflanzenteile/Blüten wichtig. Bevorzuge diejenigen, die viel Saft freisetzen. Die Ergebnisse werden mit trockeneren Pflanzen, die mit Eisensulfat behandelt werden müssen, unauffälliger sein. Nimm beim Pflücken Stoffreste mit und verwende unterwegs einen einfachen Stein zum Ausprobieren.

Hämmern

Lege ein Stück Stoff auf eine glatte Unterlage und lege dann die Pflanzenteile/Blüten darauf. Bedecke es mit einem oder mehreren anderen Stoffresten und klopfe fest mit dem Hammer darauf. Lasse den Stoff eine Stunde lang trocknen, damit die Pflanzen und ihre Gerbstoffe den Stoff färben können. Entferne die obere Stofflage und die Pflanzen und lasse alles trocknen. Bügele den bedruckten Stoff ohne Dampf und wasche ihn dann mit einem neutralen Waschmittel von Hand aus.

Kintsugi-Geschirr
aus Scherben

Materialien

zerbrochenes Geschirr

goldene Keramik- und Glasfarbe

Porzellankleber

Werkzeuge & Hilfsmittel

kleiner, ausrangierter Behälter zum Anmischen

Holzmundspatel oder kleiner Zweig zum Umrühren

Einwegspritze (ohne Nadel)

Gib 1 Drittel Keramikfarbe und 2 Drittel Porzellankleber in einen kleinen Behälter und vermische alles mit einem Holzmundspatel oder Zweig. Fülle die Mischung in eine Spritze.

Spritze die Mischung auf die zu reparierenden Bruchkanten des Geschirrs. Lasse den Kleber kurz anziehen und setze die Teile dann zusammen. Drücke die Kanten einige Minuten lang gegeneinander, bevor du loslässt. Lasse das Ganze trocknen.

Hinweis

Das gekittete Geschirr kann mit einem nicht scheuernden Schwamm von Hand gereinigt werden, es ist aber nicht spülmaschinenfest.

Kunstvolle Brüche

Dieses Projekt ist von *Kintsugi* inspiriert, einer japanischen Veredelungstechnik, die übersetzt »Goldene Naht« bedeutet. Bei dieser uralten Methode wird zerbrochenes Porzellan oder Keramik repariert, indem die Bruchstellen mit Goldnähten gekittet werden. Kintsugi ist inspiriert vom japanischen ästhetischen Konzept »Wabi-Sabi«, das dazu auffordert, die Schönheit zu erkennen, die in unvollkommenen, ungewöhnlichen und unsymmetrischen Dingen liegt. Die Goldnaht hebt den Makel als besondere Qualität hervor und wertet ihn auf.

Vorratskammer

Granola
zum Knuspern

Feste Zutaten

2 Tassen Haferflocken

1 Tasse ungesüßte Cornflakes

1 Tasse Haselnusskerne, gehackt

½ Tasse ganze Haselnusskerne

½ Tasse Mandelblättchen

Schokoladenchips (optional)

Flüssige Zutaten

⅓ Tasse Ahornsirup

1 Tasse Aprikosensaft

½ Tasse Gojibeeren

¼ Tasse Kokosöl

Als mögliches Extra

Schokochips oder Kakaonibs

Hilfsmittel

Tasse (als Maßeinheit)

Schüssel

Kochtopf

Backpapier

großes Schraubglas

Den Backofen auf 150 C° vorheizen.

Alle festen Zutaten in einer Schüssel vermischen.

Die flüssigen Zutaten in einem Topf vermischen und bei niedriger Temperatur unter Rühren auf dem Herd erhitzen, bis das Kokosöl flüssig wird.

Die festen Zutaten auf einem mit Backpapier ausgelegten Backblech verteilen, die flüssige Mischung darüberträufeln und dann unterheben, sodass alles gut überzogen ist.

Für etwa 20 Minuten im Ofen backen. Vollständig abkühlen lassen und dann die Granola in ein großes Schraubglas füllen.

Für Naschkatzen: Optional nach dem Abkühlen Schokochips oder Kakaonibs untermischen!

Warum Granola selbst machen?

Aus einer ganzen Reihe guter Gründe: Sie kostet weniger, man weiß genau, was man hineingibt (tschüs, Zusatzstoffe!), sie ist einfach herzustellen und sehr, sehr lecker!

Rote-Bete-Pickles (1)

Zutaten

8 Knollen Rote Bete (700 g), geschält und in Stücke geschnitten, 2 EL Meersalz, 5 Wacholderbeeren

Hilfsmittel

Einweckglas mit 1 l Fassungsvermögen, rundes Fermentationsgewicht in passender Größe für das Glas, Mischgefäß

Die Rote Bete und die Wacholderbeeren in das Einweckglas geben. Das Salz in einem Mischgefäß in 500 ml Wasser auflösen. Die Rote Bete damit aufgießen, sodass sie komplett mit Flüssigkeit bedeckt ist, und dann das Fermentationsgewicht auf die Rote Bete legen, sodass sie unter die Flüssigkeit gedrückt und komprimiert wird. Das Glas mit dem Deckel verschließen und an einem dunklen, zimmerwarmen Ort stehen lassen. Die Rote Bete täglich entlüften und verkosten, bis sie den gewünschten Geschmack hat. Dann verzehren oder im Kühlschrank bis zu 3 Monate aufbewahren.

Salz-Zitronen (2)

Zutaten

10 halbierte oder geviertelte Bio-Zitronen, Saft von 2 oder mehr Zitronen, 240 g Meersalz

Hilfsmittel

Einweckglas mit 1 l Fassungsvermögen, Frischhaltefolie

Die Zitronen dicht an dicht in das Glas schichten und zwischendurch mit dem Salz bestreuen. Wenn die Zitronen nicht wirklich dicht gepackt liegen, weitere Zitronen hinzufügen. Den Zitronensaft aufgießen und darauf achten, dass die Zitronen gut eingetaucht sind. Das Glas verschließen. 2 Wochen bei Raumtemperatur stehen lassen und dann bis zur Verwendung in den Kühlschrank stellen. Die Salz-Zitronen sind 3 Monate haltbar.

Saure Gürkchen (3)

Hilfsmittel

1 kg Mini-Gurken (ringfingerdick), 1 TL rosa Pfefferkörner, die in Streifen geschnittene Schale von ½ Bio-Zitrone, ½ EL Fenchelsamen, 1 EL weißer Essig, 1½ EL Meersalz

Zubehör

2 Einweckgläser mit je 1 l Fassungsvermögen, 2 runde Fermentationsgewichte, Mischgefäß

Die Gewürzgurken und die Kräuter dicht an dicht in die Gläser füllen. Essig und Salz in einem Mischgefäß mit 500 ml Wasser vermischen, in die Gläser gießen und die Gurken mit je einem Gewicht beschweren. Verschließen und bei Zimmertemperatur stehen lassen, bis keine Blasen mehr aufsteigen, dabei alle 2–3 Tage zum Entlüften öffnen. Die Flüssigkeit durch ein feines Sieb in einen Topf abgießen und 5 Minuten kochen. Die Gürkchen abwaschen, zurück in die Gläser geben, mit der abgekühlten Lake aufgießen und verschließen. Die Gürkchen sind gekühlt etwa 6 Monate haltbar.

Ingwer-Karotten (4)

Zutaten

1 kg kleine geschälte und geviertelte Karotten, 4 geschälte Knoblauchzehen, 1 TL Kümmelsamen, 1 TL Koriandersamen, 5 cm frische Ingwerwurzel, 2 EL Meersalz

Hilfsmittel

2 Einweckgläser mit je 1 l Fassungsvermögen, 2 runde Fermentationsgewichte

Die Karotten, den Knoblauch, den Kümmel, den Koriander und den Ingwer in die Einweckgläser füllen. Das Salz in einem Mischgefäß in 500 ml Wasser auflösen und die Karotten damit aufgießen. Je ein Gewicht auf die Karotten legen und die Gläser verschließen. Bei Zimmertemperatur stehen lassen und den Deckel alle 2–3 Tage öffnen. Nach 7 Tagen eine Kostprobe nehmen. Wenn der Geschmack passt, die Gläser fest verschließen. Gekühlt sind die Ingwer-Karotten etwa 3 Monate haltbar.

1   2

3   4

Aprikosenkonfitüre mit Zimt (1)

Zutaten

1 kg Aprikosen, 500 g Kristallzucker,
1 Zimtstange

Hilfsmittel

Schüssel, Sieb, Topf, 4–6 Einweckgläser

Die Aprikosen waschen, abtropfen lassen
und entsteinen. In kleine Stücke schneiden
und mit dem Zucker und dem Zimt in eine
Schüssel geben. Einen halben Tag lang bei
Zimmertemperatur stehen lassen. Dann bei
geringer Temperatur 30–45 Minuten sanft
köcheln lassen, dabei regelmäßig den Schaum
abschöpfen und alles umrühren. Heiß in
sterilisierte Einweckgläser abfüllen.

Himbeer-Feigen-Konfitüre mit Thymian (2)

Zutaten

600 g frische Feigen, 400 g Himbeeren,
600 g Kristallzucker, 3 Zweige Thymian

Hilfsmittel

großer Topf, Sieb, 4–6 Einweckgläser

Die Feigen und Himbeeren waschen und
abtropfen lassen. Die Feigen in Stücke
schneiden und mit den Himbeeren und dem
Zucker in einen Topf geben. Einen halben
Tag lang bei Zimmertemperatur stehen
lassen. Den Thymian hinzugeben und alles
bei geringer Temperatur etwa 30–45 Minuten
köcheln lassen, dabei regelmäßig den Schaum
abschöpfen und alles umrühren. Heiß in
sterilisierte Einweckgläser abfüllen.

Nuss-Nugat-Paste (3)

Zutaten

100 g gemahlene Haselnusskerne, 2 EL
Haselnussöl, 150 g Nugatschokolade, 50 g
Zartbitterschokolade, 10 cl flüssige Sahne,
100 g Puderzucker

Hilfsmittel

Schüssel, Mixgerät, hitzebeständige Schale
und Topf für das Wasserbad, 2 Einweckgläser

Die gemahlenen Haselnusskerne und das
Haselnussöl in eine Schüssel geben. Die
beiden Schokoladenarten in einer Schüssel
über einem Wasserbad schmelzen und mit
den Haselnüssen und dem Öl vermengen. Mit
dem Mixgerät pürieren und die flüssige
Sahne und den Puderzucker untermixen. In
Einweckgläser füllen und bis zu 3 Tage
gekühlt aufbewahren.

Lemon Curd (4)

Zutaten

3 Zitronen, Zesten von 1 unbehandelten
Zitrone, 3 Eier, 100 g Zucker, 150 g Butter,
15 g Maisstärke

Hilfsmittel

Topf, Schneebesen, Zitronenpresse,
Messbecher, 2 Einweckgläser

Die Zitronen auspressen. Die Eier, den
Zucker und die Maisstärke in einem Topf bei
geringer Temperatur schaumig aufschlagen.
Etwa 10 ml Zitronensaft und die Zesten
unterquirlen. Vom Herd nehmen und die
in Stücke geschnittene Butter und den
restlichen Zitronensaft unterquirlen. In
Einweckgläser füllen und vor dem Verzehr
einige Stunden im Kühlschrank kühlen.

1    2

3   4

Zitrone-Melone-Thymian (1)

Zutaten

100 g Honigmelonenfruchtfleisch, 20 g frischer Thymian, Saft von ½ Zitrone, Eiswürfel

Hilfsmittel

Messer, Zitruspresse, Tasse, großes Glas, Messbecher, Sieb

Das Fruchtfleisch der Melone in Würfel schneiden, in ein Glas geben und mit 240 ml Wasser aufgießen. Den Thymian und den Zitronensaft in einer Tasse mit kochendem Wasser übergießen, abkühlen lassen und durch ein Sieb in das Glas mit der Melone gießen. 1 Stunde ziehen lassen. Kühl servieren.

Granatapfel-Minze (2)

Zutaten

Kerne von 1 Granatapfel, 1 Handvoll frische Minzblätter, Saft von 1 Limette, Eiswürfel

Hilfsmittel

Messer, Zitruspresse, Karaffe

Alle Zutaten bis auf die Eiswürfel in eine Karaffe geben und mit Wasser auffüllen. Mehrere Stunden im Kühlschrank ziehen lassen. Mit Eiswürfeln servieren.

Gurke-Minze (3)

Zutaten

½ Gurke, 1 TL geriebener Ingwer, 1 Prise Cayennepfeffer, 1 Handvoll frische Minzblätter, Saft von 1 Limette, Eiswürfel

Hilfsmittel

Messer, Zitruspresse, Karaffe

Die Gurke in Scheiben schneiden. Mit den anderen Zutaten (bis auf die Eiswürfel) in eine Karaffe geben und mit kaltem Wasser aufgießen. 1 Stunde lang im Kühlschrank ziehen lassen. Mit Eiswürfeln servieren.

Birne-Ingwer (4)

Zutaten

2 Birnen, 1 TL frischer Ingwer, Saft von 1 Zitrone, ½ halbierte Vanilleschote, Eiswürfel

Hilfsmittel

Messer, Zitruspresse, Karaffe

Die Birnen in Scheiben schneiden, den Ingwer in Streifen. Mit den anderen Zutaten (bis auf die Eiswürfel) in eine Karaffe geben und mit kaltem Wasser aufgießen. Mehrere Stunden im Kühlschrank ziehen lassen. Mit Eiswürfeln servieren.

1   2

3   4

Sauerteigbrot

Für 1 Laib
Zubereitung: 15 Minuten
Hauptgärung: 6–8 plus 24 Stunden
Nachgärung: 2 Stunden
Backen: 55 Minuten

Zutaten
25 g Sauerteigstarter
250 g Vollkornmehl
1 kg Bio-Weizenmehl, plus etwas Mehl extra zum Bemehlen
2½ TL Salz

Hilfsmittel
Schüssel
Gärkorb
Messer

Den Sauerteigstarter in einer großen Schüssel mit 250 ml lauwarmem Wasser vermischen. Die beiden Mehlsorten und das Salz unterrühren. Den Teig mit einem angefeuchteten sauberen Geschirrtuch abgedeckt 6–8 Stunden bei Raumtemperatur gären lassen, dann für 24 Stunden in den Kühlschrank stellen.

Den Teig auf Raumtemperatur kommen lassen und ihn 3- bis 6-mal auf einer bemehlten Fläche falten, dann zu einem runden Laib formen. In einen Gärkorb geben und 2 Stunden abgedeckt gären lassen.

Den Backofen auf 230 °C vorheizen.

Den Laib kopfüber auf ein gut bemehltes Backblech stürzen und mit einem scharfen Messer auf der Oberfläche gitterförmig einritzen, dann 35 Minuten im Ofen backen. Die Temperatur auf 200 °C senken und den Laib nochmals etwa 20 Minuten backen.

Das Brot vor dem Anschneiden abkühlen lassen.

Den eigenen Sauerteig kultivieren

Man kann Brot durchaus mit Bäckerhefe backen, aber warum nicht einfach deinen eigenen Sauerteig herstellen? Dazu benötigst du nichts weiter als biologisches herkömmliches Vollkorn- oder Roggenmehl und ungechlortes Leitungswasser. Manche geben etwas Zucker hinzu, um die Gärung anzukurbeln.

Mische in einem sauberen, verschließbaren Glas 50 g Mehl und 50 g Wasser (etwas mehr, wenn du mit Roggenmehl arbeitest). Das Glas offen und bei Raumtemperatur an einem relativ warmen Ort stehen lassen. Am nächsten Tag erneut Mehl und Wasser im gleichen Verhältnis untermengen. Dasselbe am dritten Tag, wobei du vorher die Hälfte der Mischung entnimmst (backe damit Pfannkuchen!). Die Mischung sollte anfangen, Blasen zu werfen und einen etwas säuerlichen Geruch zu verströmen. Verschließe das Glas. Wiederhole den Vorgang des Entnehmens und Hinzufügens an den folgenden Tagen, sodass die Mischung jedes Mal gut aufgeht und sich vom Volumen her verdoppelt. Nach etwa 1 Woche, tada, hast du einen schönen Sauerteigstarter mit einem leicht säuerlichen Duft, der bereit ist, verwendet zu werden.

Olivenblätter-Safran (1)

Zutaten

1 TL oder 1 Beutel Tee aus getrockneten
Olivenblättern, 1 Prise Safranpulver,
1 TL Honig

Hilfsmittel

2 Tassen, Sieb, Löffel

Die Olivenblätter und den Safran in einer
Tasse mit kochendem Wasser aufgießen und
6 Minuten ziehen lassen. In eine andere
Tasse abseihen, den Honig dazugeben und
umrühren.

Kamillenblüten-Piment (2)

Zutaten

1 TL getrocknete Kamillenblüten,
1 TL getrocknete Melisse, 3 leicht
zerdrückte Pimentkörner, ½ TL Honig

Hilfsmittel

2 Tassen, Sieb, Löffel

Alle Zutaten außer dem Honig in einer
Tasse mit kochendem Wasser aufgießen und
5 Minuten ziehen lassen. In eine andere
Tasse abseihen, den Honig dazugeben und
umrühren.

Löwenzahn-Limettenschale (3)

Zutaten

1 TL getrocknete Löwenzahnblätter,
5 cm Schale von 1 unbehandelten Limette,
1 TL Honig

Hilfsmittel

2 Tassen, Sieb, Löffel

Die Löwenzahnblätter und die Limettenschale
in einer Tasse mit kochendem Wasser
aufgießen und 5 Minuten ziehen lassen.
In eine andere Tasse abseihen, den Honig
dazugeben und umrühren.

Lindenblüten-Lavendel (4)

Zutaten

1 TL getrocknete Lindenblüten,
1 TL getrocknete Lavendelblüten,
2 dünne Scheiben Ingwer, 1 grüne
Kardamomkapsel, 1 TL Honig

Hilfsmittel

2 Tassen, Sieb, Löffel

Die Lindenblüten, die Lavendelblüten, den
Ingwer und den Kardamom in einer Tasse mit
kochendem Wasser aufgießen und 5 Minuten
ziehen lassen. In eine andere Tasse
abseihen, den Honig dazugeben und umrühren.

1    2

3   4

Wohnzimmer

Flaschen-Vasen
für die Hydrokultur

Materialien

leere Glasflaschen

Pflanzen, die für die Hydrokultur geeignet sind

Malerkrepp

breites, starkes Klebeband (optional)

Werkzeuge & Hilfsmittel

Glasschneider

Geschirrtücher

Schutzhandschuhe

Schleifpapier mit feiner Körnung

Beginne damit, die geplante Schnittlinie mit Malerkrepp auf der Flasche zu markieren. Dann ritze oberhalb der Malerkreppkante mit einem Glasschneider eine flache Kerbe rund um die Flasche ein, um die zukünftige Bruchkante anzureißen. Achtung, dies ist der heikelste Moment! Um genauer zu arbeiten, befestige optional den Glasschneider mit einem breiten, starken Klebeband auf einer Arbeitsfläche und drehe die Flasche über ihm. Stelle die Flasche dann ins Gefriergerät.

Nach einer Stunde koche Wasser auf, stelle die Flasche in die mit Geschirrtüchern ausgepolsterte Spüle und gieße heißes Wasser über die Kerbe.

Wenn das Glas beim ersten Wärmeschock nicht in 2 saubere Teile bricht, keine Panik! Wechsele mehrmals zwischen kaltem Leitungswasser und heißem Wasser ab, und die Sache ist erledigt!

Schmirgele die Schnittkanten der Flaschenteile mit Schleifpapier ab und trage dabei Schutzhandschuhe.

Hydrokultur: Alles glasklar!

Du hast nicht unbedingt einen grünen Daumen, träumst aber von einem Indoor-Dschungel für dein Wohnzimmer? Versuche es mit Hydrokultur. Wie der Name schon sagt, werden bei dieser Methode die Pflanzen direkt im Wasser gezogen, ohne Erde, aber in hübschen Glasbehältern, in denen man das Wachstum der Wurzeln bewundern kann. Die meisten Zimmerpflanzen lassen sich auf diese Weise kultivieren. Probiere es mit Zwiebelpflanzen wie Hyazinthen, aber auch mit Orchideen oder Avocadokernen.

Flaschen-Lampe aus Beton

Materialien

1 große leere Plastikflasche

1 kleinere leere Plastikflasche (mit den Maßen der Lampenfassung)

Kreativbeton- oder Zementpulver

etwas Pflanzenöl

1 Lampenfassung inklusive Kabel mit abgelöstem Stecker und passender Glühbirne

farbige Garne (optional)

Werkzeuge & Hilfsmittel

Cutter

Gipsbecher (oder ausrangierte Schüssel, plus Küchenkrepp zum Säubern)

Löffel

Pinsel

Bohrmaschinemit Betonbohraufsatz

Akkuschrauber/ Schraubenzieher

Elektrozange

Schneide die große Plastikflasche waagerecht mit dem Cutter in 2 Hälften und bewahre den unteren Teil auf.

Rühre den Beton gemäß Herstellerangaben in einem Gipsbecher an und gieße ihn bis etwa ein Drittel unterhalb der gewünschten Höhe in die Flaschenhälfte.

Bepinsele die kleine Flasche im unteren Bereich mit Öl und drücke sie in die Betonschicht, um den Leerraum für die Glühbirnenfassung auszusparen.

Lasse das Ganze etwa 48 Stunden lang trocknen. Ziehe dann die kleinere Flasche aus dem Beton und löse den Beton aus der großen Flasche. Zerschneide, wenn nötig, mit dem Cutter das Plastik, falls sich die Betonformen nicht am Stück lösen lassen.

Bohre ein Loch in den Boden der Betonform (ganz bis zum ausgesparten Leerraum). Führe das Stromkabel durch das Loch und setze die Fassung und die Glühbirne ein, dann bringe den Stecker am Kabelende an. Umwickele optional das Kabel mit farbigem Garn.

Resteverwertung!

Du hast noch Betonpulver übrig, nachdem du das Projekt auf S. 191 durchgeführt hast? Und eine leere Limonadenflasche aus dem Müll gerettet? Wunderbar! Dann brauchst du nur noch eine alte Lampenfassung und schwupps hast du eine stylishe Tischlampe gezaubert.

Trockenblumen
im Reagenzglas

Materialien

getrocknete Gräser Blumen

Reagenzgläser

Kunststoff- oder Kupferrohr

goldfarbener Sprühlack

Werkzeuge & Hilfsmittel

Metallsäge oder Rohrschneider

Getrocknete Gräser und Blumen sind eine perfekte Lösung, um ein bisschen Natur in deine Wohndeko zu bringen! Reagenzgläser sind sehr leicht zu beschaffen: auf Flohmärkten, in Apotheken, in Hobbyläden usw.

Dann gilt es, die passenden Sockel für die Gläser zu finden, wie etwa in den Sanitär- oder Elektroabteilungen der Baumärkte. Dort gibt es viele Kupfer- oder Kunststoffrohre, die du zweckentfremden kannst, aber vielleicht entdeckst du auch geeignetes Material auf dem Wertstoffhof. Bei den Sockeln in diesem Beispiel etwa handelt es sich um kleine, etwa 2 cm große Abschnitte, die aus dem Rest eines Kunststoffrohres geschnitten und dann mit Metallic-Lack besprüht wurden.

Sobald der Lack getrocknet ist, stelle die Reagenzgläser in ihre Sockel und stecke dann getrocknete Blumen oder Gräser hinein. Du kannst auch sternförmiges Konfetti aufkleben oder sogar einige Perlen auf die Stiele der Pflanzen fädeln.

Vasen
aus Plastikkanistern

Materialien

**leere Plastikkanister
(wie etwa von Wasch-
mittel, Shampoo und Co)**

**Grundierung für
Kunststoff**

deckende Farben

Sprühklarlack

Werkzeuge &
Hilfsmittel

Pinsel

**Schleifpapier mit
feiner Körnung**

Vielleicht hast du schon den Absprung geschafft, und stellst deine Waschmittel- und Pflegeprodukte selbst her, hast aber noch ein paar alte Kanister aufbewahrt? Glückstreffer! Mit ein bisschen Farbe gestaltest du aus ihnen im Nu wunderschöne Vasen!

Löse die Etiketten der Kanister ab und schleife die Kunststoffoberflächen leicht an.

Trage eine Grundierung für Kunststoff auf und lasse sie trocknen. Danach bemale die Kanister mit deckenden Farben. Lasse sie trocknen und lackiere sie dann zum Schutz der Farben mit durchsichtigem Sprühlack.

Hübsche Hingucker!

Mit diesem Projekt kann man zumindest einen Teil der Millionen von Plastikkanistern, die alleine in Deutschland täglich weggeworfen werden, vor dem Müll bewahren. Durch die Bemalung werden die ästhetisch spannenden Formen der Kanister erst richtig hervorgehoben, und man kann sie nicht nur als Vasen, sondern auch als stylishe Gießkannen verwenden.

Serviettenringe
mit Tiefdruck

Materialien

luft- oder ofenhärtende Modelliermasse (siehe S.128)

leere Toilettenpapier-Papprollen

Kartonpapier

Backpapier

Werkzeuge & Hilfsmittel

Teigwalze mit Dicken-einstellung (oder herkömmliches Nudelholz, plus Essstäbchen als Führung)

Stempelformen (oder frische Blumen oder Blätter)

Messer

Bleistift

Lineal

Schere oder Cutter

Knete die Masse kurz durch, damit sie geschmeidig wird. Rolle sie dann auf einem Stück Backpapier etwa 0,5 cm dick aus und nutze hierfür entweder eine entsprechende Walze mit Dickeneinstellung oder Essstäbchen als Führung.

Zeichne auf Kartonapier ein 15 x 5 cm großes Rechteck auf und schneide es aus. Es dient als Schablone.

Lege die Schablone auf die ausgewalzte Modelliermasse und schneide Rechtecke aus, indem du mit einem Messer den Konturen der Schablone folgst.

Drücke dann Stempel auf die Rechtecke aus Modelliermasse oder bringe Blatt- oder Blumenabdrücke als Verzierung auf. Falls du unerwünschte Spuren hinterlässt, glätte die Oberflächen mit einem angefeuchteten Finger.

Löse jeweils ein Modelliermassen-Rechteck vom Backpapier und biege es um eine Toilettenpapier-Papprolle. Verbinde die Enden, indem du sie mit etwas Wasser befeuchtest und übereinanderklebst.

Lasse die Masse an der Luft oder im Ofen aushärten und entferne dann die Papprollen.

Zurück zu den Wurzeln

Warum lohnt es sich, zu den Stoffservietten unserer Großeltern zurückzukehren? Weil es die einzige nachhaltige Lösung ist. Einwegservietten produzieren jede Menge Müll und können nicht recycelt werden. Sie werden bestenfalls kompostiert, meistens aber weggeworfen – im Gegensatz zu Servietten aus Leinen oder Baumwolle, die im Laufe der Zeit noch dazu eine schöne Patina bekommen.

Tischläufer aus alter Spitze

Materialien

alte Spitzendeckchen in verschiedenen Größen
Nähgarn aus Polyester

Werkzeuge & Hilfsmittel

Stecknadeln
Nähnadel
Stickschere

Polyestergarn ist viel reißfester als herkömmliches Nähharn, daher wird es für dieses Projekt verwendet. Lege die Deckchen nebeneinander aus und arrangiere sie so, dass sie eine Läuferform bilden.

Stecke die Deckchen mit Stecknadeln an den Stellen fest, an denen ein Deckchen an ein anderes grenzt. Steche mit Nähnadel und Faden in ein erstes Deckchen und ziehe die Nadel durch das angrenzende Deckchen wieder heraus. Wiederhole diesen Vorgang mehrmals, dann fixiere den Faden mit Doppelknoten und schneide ihn ab.

Nähe alle Deckchen auf die gleiche Art und Weise zusammen, indem du die Kanten der sich berührenden Deckchen zusammennähst. Entferne dabei nach und nach die Stecknadeln.

Echt Spitze!

Vor einigen Jahren kamen sie aus der Mode, jetzt sind Spitzendeckchen, gestickt, geklöppelt oder gehäkelt, wieder auf dem Vormarsch und werden von ihrer eigentlichen Funktion abgelöst, indem sie als Kleidungsstücke oder Dekorationsobjekte verwendet werden. Man findet sie immer noch überall, vor allem auf Flohmärkten oder online.

Pflanzen-Ampel aus Beton

Materialien

Pralinenverpackung in Form eines Kegels

Kreativbeton- oder Zementpulver

3 Dosenlaschen von Getränkedosen

kleine Pflanze im Plastiktöpfchen

Schnur

Werkzeuge & Hilfsmittel

hoher schmaler Topf

Gipsbecher (oder ausrangierte Schüssel, plus Küchenkrepp zum Auswischen)

Löffel

Schere

Stelle die kegelförmige Pralinenverpackung so in einen hohen Topf, dass sie nicht wackeln kann.

Rühre den Beton gemäß Herstellerangaben in einem Gipsbecher an. Dann gieße ihn in die kegelförmige Pralinenverpackung und drücke das Plastiktöpfchen der Pflanze in den Beton.

Sobald der Beton leicht fest geworden ist, drücke die Dosenlaschen in gleichmäßigen Abständen so oben in den Beton, dass die kleinen Kreisöffnungen über den Rand hinausragen.

Lasse den Beton 2 Tage lang aushärten und löse ihn dann aus der Kegelverpackungsform.

Binde je ein Stück Schnur an jede Dosenlasche und deine Pflanzen-Ampel ist fertig!

Tipp

Um Luftblasen im Beton zu vermeiden, klopfe die ausgegossene Form leicht auf den Topf, solange der Beton noch flüssig ist, dann steigen die Luftblasen an die Oberfläche.

Gesundes Raumklima durch Pflanzen

Wie wäre es, deine Ampel mit einer Pflanze zu bestücken, die flüchtige organische Verbindungen und/oder elektromagnetische Wellen aufnehmen kann? Zu den Arten, die Formaldehyd, Toluol, Benzol, Ammoniak oder Xylol aus der Raumluft absorbieren können, gehören unter anderem Chlorophytum, Spathiphyllum, Kletterphilodendron oder auch der Efeu.

Pflanzen-Kabinett

Materialien

1 alter Setzkasten
Aquarellpapier
Aquarellfarben oder Pflanzentinten
getrocknete Blumen oder Pflanzen
Reagenzgläser
Etiketten
Masking Tape

Werkzeuge & Hilfsmittel

Pinsel
Filz- oder Buntstift
Heißklebepistole
Schere

Feiere die Geheimnisse getrockneter Blumen und Pflanzen (siehe S.171), indem du ein Herbarium anfertigst, um deine Sammlung zu präsentieren.

Schneide für die Setzkastenfächer passende Stücke Aquarellapier aus und bemale sie in sanften Farben. Hierfür könne Aquarellfarben, aber auch selbst gemachte Pflanzentinten verwendet werden.

Lege die bemalten Papiere in einige Fächer und klebe dann die getrockneten Pflanzen oder Blumen mit Masking Tape darauf. Wenn sich einige Blumen lösen, trage vorsichtig Heißkleber auf das Papier auf und klebe die Blumen fest.

Für einen Kuriositätenkabinett-Look klebe Reagenzgläser mit kleinen Etiketten in die Setzkastenfächer und notiere Namen, Daten oder Fundorte deiner Pflanzen darauf.

Schalen aus Pappmaschee

Materialien

Eierkartons
Tapetenkleister
deckende Farben

Werkzeuge & Hilfsmittel

hitzebeständige Rührschüssel
Wasserkocher
Kochlöffel
Salatschüssel
Pürierstab
Sieb
Löffel
Frischhaltefolie oder Wachstuch
Pinsel

Reiße die Eierkartons in kleine Stücke und gib sie in eine Rührschüssel. Bedecke sie mit heißem Wasser und lasse sie einweichen. Sobald die Pappe aufgeweicht ist, rühre alles gut um und gieße alles in ein Sieb, damit das überschüssige Wasser abfließen kann. Gib die Pappe zurück in die Rührschüssel und rühre das Kleisterpulver unter.

Stelle eine Salatschüssel kopfüber auf die Arbeitsfläche und decke sie mit Frischhaltefolie ab (oder mit Wachstüchern, falls du Frischhaltefolie aus der Küche verbannt hast). Verteile eine Schicht Pappmaschee darauf und drücke sie mit den Händen flach an, dann lasse alles an einem warmen, gut belüfteten Ort trocknen.

Sobald sich das Pappmaschee trocken anfühlt, löse es vorsichtig von der Form. Wenn die Innenseite noch etwas feucht ist, lasse sie trocknen. Dann bemale die Pappmaschee-Schale nach Lust und Laune!

Kleister selbst herstellen

Wenn du keinen Tapetenkleister hast, kannst du ihn selbst herstellen. Bringe hierfür 5 Tassen Wasser in einem Kochtopf zum Kochen. Füge 1 Tasse Mehl hinzu und verrühre alles mit einem Schneebesen, um Klumpenbildung zu vermeiden. Rühre bei geringer Temperatur weiter, bis die Mischung glatt ist. Lasse sie abkühlen und fülle sie in ein Glas. Dieser Kleister lässt sich mehrere Tage aufbewahren.

Fotocollagen mit Twist

Materialien

alte Fotos
Masking Tape
1 kleine LED-Girlande

Werkzeuge & Hilfsmittel

Heißklebepistole

Stempel

getrocknete Blätter oder Blumen

kleine Verzierungen wie etwa Perlen oder Schmuckanhänger

Stechahle oder Locher

Wir alle haben alte Fotos in unseren Schränken, die wir aber nur selten hervorholen. Um die Erinnerungsstücke aufzupeppen und zu präsentieren, gibt es nichts Besseres, als ein paar Farbtupfer in Form einer Collage hinzuzufügen.

Klebe etwa ein paar Blumen oder andere kleine Verzierungen auf die Haare deiner Urahnen, um ihnen einen Frida-Kahlo-Look zu verpassen. Du kannst auch Löcher in das Foto bohren oder stanzen und eine kleine Girlande hinter einem Foto anbringen, um ein Lichtspiel zu erzeugen. Oder du versetzt deine Figuren in die Mitte eines Dschungels, indem du Farnzweige an den unteren Rand einer Fotografie klebst. Deiner Fantasie sind keine Grenzen gesetzt!

Holz in der Hütte?

WELCHES HOLZ SOLLTE MAN WÄHLEN?

Das Holz sollte nicht zu feucht sein, da es sonst im Inneren verfaulen kann. Dann wäre es zu brüchig. Denke daran, es vor der Verwendung zu trocknen, und achte darauf, dass es gesund ist!

• Der Haselnussstrauch hat dünne, starke Äste, die sich gut für einen Bogen oder geflochtene Zäune eignen.

• Eiche und Kiefer haben größere Äste, die ein großes Gewicht tragen können.

• Die hübsche Birkenrinde lässt sich leicht schnitzen.

DARF MAN HOLZ IN DER NATUR SAMMELN?

Streng genommen darf man in Wald und Flur nichts sammeln, denn totes Holz, Humus und Moos sind organische Stoffe, die für das Funktionieren der Ökosysteme unerlässlich sind.

In der Praxis wird diese Art des Sammelns oft toleriert, wenn es sich lediglich um einen kleinen Zweig, ein paar Blumen oder auch Pilze in angemessenen Mengen und für den privaten Gebrauch handelt.

SCHON GEWUSST?

In Frankreich haben Bürger das Recht, in einem Teil des Gemeindewaldes selbst Bäume zu fällen, um sich einen Vorrat an Brennholz für den Hausgebrauch anzulegen! Diese Praxis, die es seit dem Mittelalter gibt, wird als »affouage« bezeichnet. Damals erlaubte der Grundherr seinen Bauern, auf seinem Land Brennholz zu schlagen.

Wenn du in Deutschland in einem Wald in deiner Nähe Holz schlagen möchtest, musst du dich vorab an die Forstverwaltung oder den jeweiligen Förster wenden, wo du dir einen »Holzsammelschein« ausstellen lassen kannst und erfährst, ob du dich beispielsweise an den Kronen/Ästen bereits gefällter Bäume bedienen darfst.

Bedingung für das selbstständige Holz-schlagen (nach Absprache mit dem zuständigen Förster) ist ein »Motorsägenführerschein«, den du durch die Absolvierung eines zweitägigen Lehrgangs erwerben kannst. Auf diese Weise kannst du sogar bei der Pflege und gesunden Entwicklung des Waldes mithelfen.

Boot (1)

Materialien

1 kleiner Ast (etwa 15 cm) mit einer rechtwinkligen Verzweigung (für den Mast), 1 dickerer Birkenast (für den Rumpf), 1 Stück elastischer Stoff (z. B. ein T-Shirt-Ärmel).

Werkzeuge & Hilfsmittel

Stechbeitel, Holzhobel, Holzknüpfel, Bohrmaschine mit Holzbohraufsatz, Feinsäge

Spalte den oberen Teil des kleinen Astes für den Mast einige Zentimeter weit auf. Säge die Enden schräg ab.

Hobele eine Längsseite des dicken Astes ab, damit du ihn hinstellen kannst, ohne dass er wegrollt, und höhle die Oberseite mithilfe von Stechbeitel und Knüpfel flach aus. Bohre in der Mitte des Bootes ein Loch und stecke den Mast hinein. Setze das Segel (z.B. einen T-Shirt-Ärmel, der in Dreieckform geschnitten über die horizontale Verzweigung geschoben und oben in den Schlitz des Mastes geklemmt wird).

Eierbecher (2)

Materialien

1 etwa armdicker Birkenast

Werkzeuge & Hilfsmittel

Handsäge, Bleistift, Hohleisen, Holzknüpfel, Hammer, Schraubstock

Säge vom Ast ein etwa 6 cm hohes Stück ab. Zeichne auf der Oberseite einen Kreis mit einem Durchmesser von 5,5 cm auf.

Befestige das Holzstück im Schraubstock. Höhle die Innenseite des Kreises mit einem Hohleisen und einem Knüpfel von der Umrisslinie ausgehend von außen nach innen aus, bis du ein Ei hineinstellen kannst.

Zauberstab (3)

Materialien

1 dünner gerader Zweig, Woll- oder Stickgarnreste, Nähgarn, 1 kleines Stück Stoff, 1 kleines Stück Goldtüll, einige Perlen, 1 Glöckchen zum Aufhängen

Werkzeuge & Hilfsmittel

Heißklebepistole, Nähnadel, kleine Zange

Wickele Garnstücke um den kleinen Ast und klebe die Enden mit Heißkleber fest. Schneide einen Stern aus Stoff und einen weiteren aus Goldtüll zu. Lege die beiden Sterne übereinander und nähe sie mit Nähgarn mit Vorwärtsstichen etwa 0,5 cm von der Kante entfernt zusammen. Schneide den Stoff so nahe wie möglich an der Naht zurück, sodass der Tüll übersteht.

Klebe den Stern an das Ende des Zweiges und füge einige Stränge Stickgarn hinzu, um eine Art Kometenschweif zu bilden. Fädele einige Perlen und ein kleines Glöckchen auf ein Stück Stickgarn und befestige es in der Mitte des Zauberstabes, um die Magie zum Klingen zu bringen!

Kleiderbügel (4)

Materialien

gerader, etwa fingerdicker Zweig, starker Basteldraht oder abgeschnittene Drahtkleiderbügel

Werkzeuge & Hilfsmittel

Bohrmaschine mit dünnem Holzbohraufsatz, Flachzange, Seitenschneider, schwarzer Filzmarker, Glasflasche, Schnitzmesser

Zerbreche den Zweig in einige gleich große Stücke und bohre mittig je ein Loch durch die gesamte Stärke jedes Zweiges. Ziehe durch das Loch in jedem Ast jeweils ein langes Stück Draht und wickele eines der Enden um den Zweig. Forme am anderen Ende einen Haken, indem du den Draht um einen Flaschenhals biegst. Schneide die Rinde an einer Stelle flach ab und beschrifte den Kleiderbügel nach Lust und Laune.

Tischdeko-Anhänger

Materialien

luft- oder ofenhärtende Modelliermasse (siehe S. 128)

frische Blüten und Zweige

Farben

Strickgarn oder Textilband

deckende Farben

Malerkrepp

Werkzeuge & Hilfsmittel

Teigwalze mit Dicken- einstellung (oder normales Nudelholz mit 2 Essstäbchen als Führung)

kleines Glas oder Ausstecher

Messer

Pappstrohhalm

Pinsel

Knete eine kleine Portion Modelliermasse geschmeidig und rolle sie dann mit der Teigwalze auf eine Dicke von etwa 0,5 cm aus.

Lege frische Pflanzenblätter deiner Wahl auf die Teigplatte und walze dann sanft darüber, sodass die Abdrücke gut sichtbar sind. Löse die Pflanzenblätter vorsichtig ab, dann stich mit einem Ausstecher oder einem Glas runde Formen rund um die einzelnen Abdrücke aus.

Stanze mit einem Strohhalm jeweils ein Loch in jeden Teigkreis, in der Nähe des oberen Randes.

Wenn du unerwünschte Spuren entfernen willst, be- feuchte deinen Zeigefinger mit etwas Wasser und glätte die betreffende Oberfläche.

Lasse die Anhänger trocknen.

Male die Anhänger dann an. Um gerade Kanten wie auf dem Foto gezeigt zu erhalten, klebe einzelne Flächen mit Malerkrepp ab, das du nach dem Bemalen dann wieder ablöst. Lasse die Farben trocknen.

Ziehe ein Stück Garn oder Band durch die Löcher und binde an den Enden einen festen Knoten, um sie später aufhängen zu können!

Pappmaschee-Schale
aus Toilettenpapier

Materialien

**Toilettenpapier oder
Altpapier**
Bastelleim
1 Luftballon
weiße deckende Farbe
goldfarbener Lack
Frischhaltefolie

Werkzeuge & Hilfsmittel

**hitzebeständige
Rührschüssel**
Sieb
Stabmixer
hoher schmaler Topf
Nadel
Pinsel

Zerkleinere das Toilettenpapier oder Altpapier in der Rührschüssel. Gieße heißes Wasser auf, damit das Papier weich wird, und lasse alles eine halbe Stunde lang einweichen. Gieße die Pulpe durch ein Sieb ab, sodass das Wasser abfließen kann. Gib das Papier zurück in die Schüssel und püriere es. Rühre Bastelleim unter, sodass ein schön glattes Pappmaschee entsteht.

Blase einen Luftballon auf und lege diesen auf einen leeren Topf, damit der Ballon nicht wegrollt.

Trage das Pappmaschee portionsweise in einer dünnen, aber nicht zu dünnen Schicht auf die Oberseite des Ballons auf.

Lasse das Ganze einen Tag lang trocknen.

Durchstich den Ballon mit einer Nadel und entferne ihn vorsichtig, damit die Pappmaschee-Schale nicht beschädigt wird. Lasse die Innenseite der Schale, wenn nötig, erneut trocknen.

Bemale die Innenseite der Schale goldfarben und die Außenseite weiß. Trage bei Bedarf mehrere Schichten Farbe auf.

Ölmalkreiden
selbst gießen

Materialien

Reste von Ölmalkreiden

Werkzeuge & Hilfsmittel

Silikonformen in der gewünschten Form und Größe

Heize den Backofen auf 130 °C vor.

Befülle die Mulden einer Silikonbackform mit Stücken von Ölmalkreiden. Stelle die Form für ein paar Minuten in den Ofen, bis die Kreiden geschmolzen sind.

Lasse die Kreiden in der Form abkühlen und löse sie dann aus der Form.

In diesem Beispiel wurden muschelförmige Madeleine-Förmchen verwendet, aber du kannst auch andere Formen nehmen, solange sie klein und geeignet für Kinderhände sind.

Ran an die Reste!

Unsere Kinder haben immer einen Haufen zerbrochener oder fast aufgebrauchter Ölkreiden, die regelmäßig in den Müll wandern. Hier ein einfacher Tipp, um diesen Kreideresten ein zweites Leben zu geben!

Magischer Sand (1)

Zutaten

7 Tassen Mehl, 1 Tasse Öl,
Lebensmittelfarben oder natürliche Mittel
zum Einfärben (siehe Knetmassenrezept
rechts)

Hilfsmittel

Rührschüssel, verschließbare Behälter

Das Mehl und das Öl in einer Schüssel
zwischen den Fingern zu feinen Krümeln
zerreiben. Nach Belieben Lebensmittelfarben
hinzufügen oder den Magischen Sand mit
natürlichen Mitteln färben, wie bei dem
Knetmasserezept rechts beschrieben.

Den entstandenen Magischen Sand in luftdichte Behälter füllen, in denen er sich
mehrere Wochen lang hält.

Knetmasse (2)

Zutaten

1 Tasse Mehl, 1 TL Pflanzenöl, 2 TL Natron,
½ Tasse Salz

Natürliche Mittel zum Einfärben

Schwarz: Kohlepulver

Grau: grüne Tonerde (Achtung, Tonerde nimmt
viel Wasser auf, daher mehr Wasser für den
Teig verwenden)

Gelb: gemahlene Kurkuma

Rot: Paprikapulver

Rosa: Rote-Bete-Saft

Hilfsmittel

Topf, Kochlöffel, verschließbare Behälter

Das Mehl, 1 Tasse warmes Wasser, das Öl,
das Natron und das Salz in einem Topf
unter Rühren erhitzen, bis die Mischung
dickflüssig wird. Sobald sich der Teig
von den Topfwänden löst, vom Herd nehmen,
abkühlen lassen und durchkneten. Optional
die Färbemittel unterkneten und bis zur
Verwendung etwa 1 Woche luftdicht in
Behälter verpackt aufbewahren.

Luft- oder ofenhärtende Modelliermasse (3)

Zutaten

1 Tasse Maisstärke, 2 Tassen Natron

Hilfsmittel

Topf, Löffel, verschließbare Behälter

Die Stärke und das Natron in einem Topf
vermischen. Mit 1 Tasse Wasser verrühren
und dann bei geringer Temperatur erhitzen,
bis das Wasser verdampft ist, dabei mit
einem Löffel umrühren. Sobald sich der
Teig von den Topfwänden löst, vom Herd
nehmen. Abkühlen lassen, durchkneten und in
luftdichte Behälter füllen, um ihn bis zu
1 Woche aufzubewahren. Die Masse kann vor
dem Modellieren eingefärbt oder nach dem
Trocknen/Backen bemalt werden!

Salzteig (4)

Zutaten

1 Tasse feines Salz, 2 Tassen Mehl

Hilfsmittel

Schüssel, Löffel, verschließbare Behälter

Das Mehl und das Salz in eirer Schüssel
vermischen. 1 Tasse lauwarmes Wasser
dazugeben und unterkneten. Falls der
Salzteig zu krümelig erscheint, mehr Wasser
einarbeiten. Wenn er zu weich oder klebrig
ist, mehr Mehl unterkneten.

Der Salzteig lässt sich in einem herkömmlichen Ofen backen und kann in
luftdichten Behältern bis zur Verwendung
einige Zeit aufbewahrt werden. Er kann
vor dem Modellieren durch Unterkneten
von Färbemitteln eingefärbt oder nach dem
Trocknen/Backen bemalt werden!

1    2

3   4

Kultiviere deinen inneren Garten

Ein Terrarium ist eine kleine Welt für sich, je nachdem, welche Pflanzen man auswählt, eine tropische, trockene oder mediterrane Mini-Kulisse. Um es kostengünstig zu halten, sammele auf Spaziergängen Moos, Zweige und kleine Kieselsteine. Ziehe deine eigenen Pflanzen, hole dir Ableger von Freunden oder tausche Setzlinge.

Mini-Garten im Glas

Materialien

großer Glasbehälter

kleine Tonkügelchen, Mulch oder kleine Kieselsteine als Drainage

4–5 hübsche größere Kieselsteine

Kakteen- und Sukkulentenerde

Moos

Crassula und einige kleine Sukkulenten

dünne und leichte Balsa- oder Holzplattenreste

Sekundenkleber (oder optional Heißkleber)

weißes Papier

etwas Garn oder Schnur

Werkzeuge & Hilfsmittel

Trichter

Heißklebepistole (optional)

Cutter

Schere

Vorlagen

siehe S. 209–211

Bedecke den Boden des Glasbehälters mit einer Schicht aus Tonkügelchen/Mulch/Kieselsteinen. Gib darauf eine Schicht Kakteen- und Sukkulentenerde.

Löse die Sukkulenten aus ihren Töpfen und verkleinere den Wurzelballen, indem du etwas Erde entfernst. Setze sie in das Terrarium ein.

Wenn du mit der Anordnung zufrieden bist, fülle die Erde mit einem Trichter zwischen den Pflanzen auf. Füge oben eine Schicht Moos hinzu und lege einige hübsche Kieselsteine aus.

Gieße die Anpflanzung sparsam mit etwas Wasser.

Schneide die Balsaplatten gemäß den Baumhaus-Vorlagen am Ende des Buches (siehe S. 209-211) zu und klebe die einzelnen Teile mit Sekunden- oder Heißkleber zusammen. Montiere die Bauteile im Terrarium und forme mit etwas Schnur eine Girlande und eine Schaukel.

Standort
Stelle das Terrarium in der Nähe eines Fensters auf, aber setze es nicht der direkten Sonneneinstrahlung aus. Drehe es von Zeit zu Zeit, damit es gleichmäßig Licht erhält.

Bewässerung
• Ein geschlossenes Terrarium versorgt sich durch Kondenswasser quasi selbst. Die Erde wird dir als Indikator dienen. Wenn sie sich zu trocken anfühlt, solltest du sehr sparsam »gießen«. Verwende hierfür am besten Regenwasser und benetze mit einer Sprühflasche oder einem neuen Schwamm die Wände, den Fuß der Pflanzen und die Kieselsteine. Wenn das Moos zu trocken wird und seine Farbe verliert, kannst du es herausnehmen und kurz in Wasser legen.

• Für ein offenes Terrarium gieße die Pflanzen wie Topfpflanzen, wenn sie Wasser brauchen.

Hängelampe
aus Glasgeschirr

Materialien

1 Glastasse

1 Glasuntertasse

1 Glasteller

1 Lampenfassung inklusive Elektrokabel (idealerweise aus Stoff) mit abgelöstem Stecker

Glaskleber

Strickgarn (optional)

1 Glühbirne

Werkzeuge & Hilfsmittel

Bohrmaschine mit Glasbohraufsatz

Elektrozange

Bohre jeweils ein Loch (durch welches das Kabel der Lampenfassung passt) mittig in die Tasse, die Untertasse und den Teller.

Arrangiere dann das Geschirr wie auf dem Foto und fixiere die Verbindungspunkte so mit Glaskleber, dass die Löcher genau übereinander liegen.

Bringe dann die Lampenfassung an und fädele das Kabelende durch die Löcher im Geschirr. Wenn du kein elektrisches Kabel mit hübscher Stoffummantelung hast, wickele dicht an dicht Strickgarnreste um ein herkömmliches Kabel, um es zu verschönern.

Montiere dann den Stecker am Kabelende und drehe die Glühbirne in die Fassung.

Bunt umgarnt

Hast du langweilige, einfarbige Elektrokabel satt? Kleide sie in den Farben deiner Wahl neu ein, indem du sie mit Resten von Strickgarn umwickelst. Man kann das Garn ankleben oder nicht, wichtig ist nur, dass es straff und dicht an dicht um das Kabel gewickelt wird. So entsteht die Illusion einer schönen Textilkordel.

Duftende Lichter

Duftkerzen herzustellen ist keine Zauberei! Gib auf 500 g geschmolzenes Wachs 10 Tropfen ätherisches Süßorangenöl, 5 Tropfen ätherisches Bergamotteöl und 5 Tropfen ätherisches Petit-Grain-Bigarade-Öl und gieße dann die Mischung mit jeweils einem Stückchen Docht in feuerfeste Behälter.

Kerzen
aus Resten

Materialien

Kerzenwachsreste

Kerzendocht

feuerfeste kleine Gefäße

ätherische Öle (optional)

Kochthermometer (optional)

Werkzeuge & Hilfsmittel

Kochtopf

leere, saubere Konservendose

Stäbchen oder Zweig zum Umrühren

Stoffschere

ausrangierter Löffel

Essstäbchen

Kochthermometer (optional)

Wenn du zu Hause diverse Kerzenreste hast, kommt hier hier die Anleitung für eine 100%ige Recycling-Lösung. Kostengünstig und einfach zu machen!

Schwierig bei der Herstellung ist allenfalls das Auswählen der Behälter, in die du das Wachs gießen möchtest. Du kannst jedes beliebige hitzebeständige Gefäß verwenden, z. B. eine Sammlung von Schnaps-gläsern, hübsche Teedosen, alte Tassen, Muscheln … oder sogar Walnussschalen, um Mini-Schwimmkerzen mit ihnen herzustellen.

Erhitze für ein Wasserbad Wasser in einem großen Topf auf dem Herd und stelle eine leere Dose hinein. Lasse die Kerzenreste in der Dose im Wasserbad schmelzen und entferne Schmutz und Dochtreste, sobald das Wachs flüssig ist. Wenn du Kerzenreste in verschiedenen Farben hast, schmelze sie zunächst getrennt und führe Tests durch, bevor du die Wachssorten mischst.

Wenn du Duftkerzen herstellen möchtest, rühre ätherische Öle in das flüssige Wachs, aber Vorsicht: Ab 48 °C verflüchtigt sich ihr Geruch. Deshalb ist es ratsam, ein Kochthermometer zu benutzen! Und probiere vorab aus, welche Mischungen an ätherischen Ölen dir zusagen!

Klebe ein Stück Docht (das etwas länger ist, als das Gefäß hoch ist, das du ausgießen möchtest) an einem Ende mittig mit etwas flüssigem Wachs an ein Essstäbchen. Lege das Essstäbchen dann so waagerecht über das Gefäß, dass der Docht mittig senkrecht nach unten in das Gefäß hängt. Gieße dann das Wachs ein, lasse es aushärten und entferne das Essstäbchen.

Stifteköcher aus Gips

Materialien

1 größere leere Konservendose

1 kleinere leere Plastikflasche mit geraden Wänden

Gipspulver

deckende Farben

Werkzeuge & Hilfsmittel

Gipsbecher

Schüssel

Löffel

Dosenöffner

kleine Metallsäge

Pinsel

Rühre im Gipsbecher eine kleinere Menge Gips gemäß Herstellerangaben mit Wasser an.

Gieße den Gips als etwa daumendicke Bodenschicht in die Konservendose, lasse ihn ganz kurz anziehen und stelle dann die Plastikflasche auf die Gipsschicht.

Rühre in der Zwischenzeit eine weitere, etwas größere Portion Gips an und gieße damit den Hohlraum zwischen den beiden Formen aus.

Entferne nach dem Aushärten des Gipses den Boden der Dose mit einem Dosenöffner. Schneide dann mit der Metallsäge die Dose mit einem vertikalen Schnitt ein und löse den Gipskörper aus der Dose.

Löse die Plastikflasche aus der Gipsform.

Bemale den Stifteköcher in Farben deiner Wahl.

Gut gegipst

Gipsbecher aus biegsamem Gummi sind eine sehr praktische Sache. Nach dem Anrühren des Gipses kannst du ihren Rand so zusammenknautschen, dass sich eine Art Ausgussrinne bildet, durch die du den Gips zielgenau in die Gussform gießen kannst. Weiterer Pluspunkt: Indem du die Gipsreste im Gipsbecher aushärten lässt, kannst du sie zuletzt durch Knautschen des Bechers vom Gummi lösen und als Feststoffe entsorgen, ohne dass flüssiger Gips irgendwelche Abflüsse verstopft.

Schaumstoff-Stempel (1)

Die Vorlagen für die Insekten findest du im Anhang auf den S.206-207.

Materialien

1 Stück Holz, 1 Stück dünne Schaumstoff- oder Moosgummiplatte

Werkzeuge & Hilfsmittel

Cutter, Schere, Kugelschreiber Sekundenkleber

Zeichne auf dem Schaumstoffblatt die Umrisse des Motivs nach. Schneide es sorgfältig aus.

Schneide ein Stück Holz so ab, dass sich eine ebene Fläche bildet und klebe das Stempelmotiv darauf.

Kork-Stempel (2)

Die Vorlagen für die Insekten findest du im Anhang auf den S.206-207.

Materialien

2 breite Korken

Werkzeuge & Hilfsmittel

Cutter, schmale Hohleisen oder Linolschnitt-Werkzeuge, Kugelschreiber

Schneide einen Korken der Länge nach in 2 Hälften.

Zeichne mit Kugelschreiber die Umrisse des Musters auf die flache Seite einer der Hälften. Schnitze/schneide den Kork um das Motiv herum so aus, dass das Motiv erhaben hervorragt.

Radiergummi-Stempel (3)

Die Vorlagen für die Insekten findest du im Anhang auf den S.206-207.

Materialien

1 Radiergummi

Werkzeuge & Hilfsmittel

Kugelschreiber, schmale Hohleisen oder Linolschnitt-Werkzeuge, dünnes Messer oder Cutter

Zeichne die Umrisse des Motives auf den Radiergummi. Schnitze/schneide den Gummi um das Motiv herum so aus, dass das Motiv erhaben hervorragt.

Kartoffel-Stempel (4)

Die Vorlagen für die Insekten findest du im Anhang auf den S.206-207.

Materialien

1 Kartoffel

Werkzeuge & Hilfsmittel

Ausstecher, Messer, Filzmarker

Schneide die Kartoffel in 2 Hälften. Zeichne auf die flache Seite einer der Hälften das Motiv auf und schneide dann mit einem Messer 1-2 mm um das Muster herum das Fruchtfleisch der Kartoffel ab, sodass das Motiv erhaben hervorragt.

Du kannst auch einen Ausstecher auf eine der Hälften drücken, die Kartoffel an der Basis des Ausstechers durchschneiden und dann das überflüssige Fruchtfleisch und den Ausstecher entfernen.

1

2

3

4

Wandschmuck mit Garn

Materialien

1 gerader Zweig

8-9 m naturfarbenes Baumwollseil

farbige Strickgarnreste

Kordel

Muscheln

Werkzeuge & Hilfsmittel

Heißklebepistole

Stoffschere

Wollkamm

Schneide etwa 20 Seilstücke mit einer Länge von je etwa 40 cm ab. Lege ein Seilstück rittlings über den Ast, sodass 2 gleich lange Seilenden herabhängen. Knüpfe ein Stück Strickgarn um die beiden Seilstränge unterhalb des Astes, wickele es über etwa 10 cm lang fest um die beiden Seilstücke, schneide es dann ab und fixiere es mit Knoten und einem kleinen Klecks Heißkleber.

Verfahre mit den anderen Seilstücken auf dieselbe Weise. Du kannst einfarbiges Garn verwenden oder die Farben abwechseln.

Klebe einige Muscheln oben auf die Seile und franse unten die Enden der Seile mit Wollkamm und Fingern aus.

Wickele Strickgarn um die Enden des Zweiges. Befestige auf jeder Seite der Seile ein Stück Kordel am Zweig, damit du die Wanddekoration aufhängen kannst.

Fadenkunst-Lampe

Materialien

2 Lampenschirmrahmen, deren größerer Kreis denselben Durchmesser hat

Strickgarn in verschiedenen Farben

Masking Tape

1 Lampenfassung inklusive Elektrokabel

Werkzeuge & Hilfsmittel

Stoffschere

Befestige die beiden Lampenschirmrahmen aneinander, indem du Masking Tape um ihre Kreise mit demselben Durchmesser wickelst, um die Struktur der Lampe zu bilden.

Knüpfe das Strickgarn am oberen Kreis an und führe es dann in der Mitte um die beiden zusammengesetzten Kreise herum und wieder zurück nach oben, wobei du den Faden straff anziehst. Fahre auf die gleiche Weise fort, indem du den Faden oben und in der Mitte um die Struktur wickelst und nach und nach mehr oder weniger breite Streifen aus Garnfäden bildest. Um die Farbe zu wechseln, verknote einfach die beiden Fäden miteinander und arbeite weiter, wobei du den Knoten im Inneren des Lampenschirmes verbirgst. Entferne das Masking Tape nach und nach, während du mit der Arbeit fortfährst. Mache zuletzt einen festen Knoten und verstecke ihn im Inneren des Lampenschirmes.

Verziere den unteren Teil auf die gleiche Weise mit Garn, indem du den Faden zwischen den Fäden hindurchführst, die um die mittleren Kreise gewickelt sind.

Bringe dann die Lampenfassung mit dem Kabel an, um die Lampe als Hängelampe zu verwenden. Mit ein paar kleinen Abwandlungen kannst du auch eine Steh- oder Tischlampe daraus machen.

Mooskugel-Zen-Garten

Materialien

Torf
1 kleine Pflanze
Moos
transparentes Garn
flache Glasschale oder anderer Behälter
kleine Figuren und Verzierungen (optional)

Werkzeuge & Hilfsmittel

Gartenschere
Sprühflasche

Löse die Pflanze aus dem Topf und krümele die Erde vorsichtig etwas ab. Lockere die Wurzeln etwas auf und kürze die zu langen Wurzeln.

Drücke den Wurzelballen sanft zusammen und umhülle ihn mit Torf, sodass eine Kugel entsteht.

Umwickele diese mit Moos und wickele ein Stück transparentes Garn darum, um das Moos zu befestigen, zuerst horizontal und dann diagonal. Lege die Mooskugel in eine flache Schale und verziere sie optional mit Figuren deiner Wahl.

Für die Bewässerung gibt es folgende Techniken:

• Gieße täglich einen Bodensatz Wasser in die Schale und lasse das Moos einen halben Tag lang einweichen, dann gieße das Wasser ab.

• Warte, bis die Mooskugel trocken und leicht ist, dann tauche sie für einige Minuten in Wasser. Sobald keine Luftbläschen mehr aufsteigen, ist das Moos rehydriert.

In der Wachstumsphase muss die Pflanze gedüngt werden. Besprühe dazu 1- bis 2-mal pro Woche die gesamte Mooskugel mit Flüssigdünger, den du gemäß Herstellerangaben verdünnt hast.

Moos mag keine direkte Sonne, aber braucht Licht und frische Luft. Wechsele in Innenräumen alle 2–3 Tage den Standort.

Kokedama – japanische Inspirationen

Kokedama stammt aus Japan, wo die Kunst, eine Pflanze auf einer Mooskugel zu kultivieren, sehr verbreitet ist. Inspiriert von mehreren altehrwürdigen Miniatur-Gartenbautechniken (wie etwa Bonsai, Kusamono, Nearai ...), ist das Kokedama originell und relativ pflegeleicht, solange man ihm ein Minimum an Aufmerksamkeit schenkt.

Kräuter-Sträußchen
zum Räuchern

Materialien

frische, zum Räuchern geeignete Bio-Pflanzen und -Kräuter (wie etwa Thymian, Rosmarin, Lavendel, Lorbeer, Salbei, Beifuß …)

Garn aus natürlichen Bio-Fasern (wie etwa Baumwolle, Nessel …)

Werkzeuge & Hilfsmittel

Gartenschere

feuerfeste Räucherschale

Streichhölzer

Arrangiere ein schmales, dicht gepacktes Bündel aus frischen Kräutern. Knüpfe ein Garnende um die Basis des Kräuterbundes und wickele das Garn nach oben arbeitend in größeren Abständen mehrmals straff um das Kräuterbündel. Wickele wieder zum Ausgangspunkt hinunter und fixiere das Garn mit einem Doppelknoten. Schneide die überstehenden Stängelenden unten bündig ab.

Lasse das Kräuter-Sträußchen an einem dunklen, trockenen und luftigen Ort aufgehängt trocknen.

Bei Bedarf zünde die Spitze des Bündels über einer Räucherschale an und genieße deine Räucherzeremonie. Sorge dabei für eine sehr gute Belüftung, damit keine Rauchmelder anspringen.

Räuchersträußchen versus Räucherstäbchen?

Ein Räuchersträußchen ist ein kleiner Bund getrockneter Pflanzen, deren Verbrennung eine reinigende Wirkung zugesprochen wird. Es handelt sich um eine sehr alte Praxis, die in vielen Kulturen angewandt wurde. Schon Römer, Kelten, amerikanische Ureinwohner und Ägypter benutzten sie, um Körper, Orte und bestimmte Gegenstände spirituell zu reinigen. Das selbst gebundene Sträußchen ist eine perfekte Alternative zu handelsüblichen Räucherwaren, die beim Abbrennen oft Schadstoffe wie Benzol oder Formaldehyd freisetzen.

T-Shirt-Tasche

Materialien

ausrangiertes T-Shirt
Nähgarn

Werkzeuge & Hilfsmittel

Nähnadel
Stoffschere

Vorlage

siehe S. 212

Breite das T-Shirt flach vor dir auf der Arbeitsfläche aus. Schneide die Ärmel und den Kragen ab.

Wende das Shirt auf links und nähe die unteren Seiten zusammen für den Boden.

Vernähe die Oberkanten der Vorder- und Rückseite, um den Schulterriemen einzusäumen.

Wende die Tasche auf rechts. Fertig!

Variante ohne Nähen

Du hast weder Nadel noch Faden parat? Kein Problem! Schneide das T-Schirt einfach wie beschrieben zu, wende es aber nicht auf rechts. Messe vom unteren Rand 6 cm nach oben ab und schneide durch beide Lagen etwa 1 cm breite Fransen ein. Verknote je 2 einander gegenüberliegende Fransen mit Doppelknoten über die gesamte Breite der Stofflagen. Fertig ist deine Fransen-Tasche!

Schlafzimmer

Girlande
mit Pompons

Materialien

Strickgarnreste

Pappe (wennn keine
Gabel und kein Pompon-
Maker verwendet werden)

Werkzeuge &
Hilfsmittel

Gabel oder Pompon-Maker
(optional)

Stoffschere

Wenn du gerne strickst oder häkelst, nicht gerne etwas wegwirfst und die Reste deiner Knäuel langsam überhandnehmen, dann ist dies DAS Projekt, mit dem du sie verwerten kannst.

Noch dazu ist diese Anti-Müll-Lösung auch eine tolle Aktivität für Kinder, und so hat diese Pompon-Girlande alle Trümpfe in der Hand, um auch die Herzen junger Müllvermeider im Sturm zu erobern.

Versetze dich in deine Kindheit zurück und stelle die Pompons mit der Methode her, die dir am besten gefällt: mit einer Gabel, mit zwei übereinandergelegten Papprechtecken oder mit einem Pompon-Maker. Variiere die Größen, stelle einfarbige, zweifarbige, dreifarbige oder ganz kunterbunte Pompons her – deiner Fantasie sind hierbei keine Grenzen gesetzt. Wenn du deine Pompons fertigstellst, lasse auf jeden Fall immer zwei ausreichend lange Fäden stehen, damit du die Pompons gut aufhängen kannst.

Binde die Pompons an eine lange Kordel, die du aus Garnresten hergestellt hast.

Hänge die Girlande an eine Wand, ein Regal, ein Himmelbett oder einen Schrank oder drapiere sie einfach lässig auf der Rückenlehne eines Sofas.

Nachttisch
aus alten Büchern

Materialien

Gipsbinden (erhältlich
in Apotheken sowie
in Heimwerker- oder
Bastelbedarfsläden)
alte Bücher

**Werkzeuge &
Hilfsmittel**

Schüssel
Geschirrtuch
alte Zeitungen zum
Unterlegen
Bastelschere

Wenn du ein ausgemachter Bücherwurm bist, bei dem sich die ausgelesenen Schmöker in allen Ecken stapeln, und es dir unmöglich ist, auch nur einen einzigen davon wegzuwerfen, selbst wenn es sich um einen Groschenroman handelt, bieten wir dir hier eine Lösung an. Und das Beste daran: Du brauchst dazu nur wenig Material!

Decke den Arbeitsbereich ab, fülle lauwarmes Wasser in eine Schüssel, schnappe dir die Gipsbinden und eine Schere, und los geht's. Und vergiss nicht das Geschirrtuch, um dir zwischendurch die Hände abzutrocknen.

Stapele einige Bücher in der gewünschten Höhe übereinander. Schneide ein erstes Stück Gipsbinde ab und tauche es einige Sekunden in Wasser. Lege es auf den Bücherstapel und streiche es mit der angefeuchteten Hand glatt. Bedecke den Bücherstapel vollständig mit Gipsbinden, wobei du die Stücke überlappen und zuletzt alles gut trocknen lässt.

Gebrauchte Bücher mehrfach nutzen

Wenn du bereits mehr Bücher-Nachttische als nötig gebaut und immer noch zu viele Bücher im Keller hast, zögere nicht, sie weiterzuverkaufen oder an spezialisierte Netzwerke, Vereine, Schulen, Bibliotheken, Altenheime und Co zu spenden. Oder stelle sie in Bücherhäuschen, von denen es in vielen Städten und Gemeinden schon viele gibt. Gebrauchte Bücher mehrfach zu nutzen ist wirtschaftlich und ökologisch besonders sinnvoll, denn bei der schlichten Vernichtung eines Buches fällt die doppelte Menge an Kohlenstoffemission an wie in der Herstellungsphase. Oft lassen sich einzelne Seiten gebrauchter Bücher auch wunderbar als Geschenk- oder Bastelpapier nutzen.

Kissen
aus alten Taschen

Materialien

alte Stofftaschen

alte Kopfkissen-
füllungen oder
Textilien

Nähgarn

**Werkzeuge &
Hilfsmittel**

Nähnadel

Stoffschere

Du weißt nicht mehr, wohin mit all deinen Tote Bags, und findest einige davon viel zu niedlich, um sie im stillen Kämmerchen zu verstauen? Hier ist eine kleine Anleitung, wie du ohne viel Aufwand originelle Kissen daraus herstellen kannst.

Schneide zunächst die Trageriemen einer Tasche in der Mitte durch, sodass du am Ende vier Bänder hast! Fülle die Tasche mit alten Kissenfüllungen oder weichen, in Streifen geschnittenen Textilien.

Nähe die Öffnung der Tasche zu und binde dann zwei hübsche Schleifen mit den Trageriemenbändern.

Wandschmuck
»Flammendes Herz«

Materialien

1 leere Getränkedose aus Blech, ausgewaschen

goldfarbener Metallic-Lack (optional)

Werkzeuge & Hilfsmittel

Blechschere

alter Kugelschreiber (alternativ ein Nagelhautschieber aus Holz oder spezieller Prägestift für Metall)

Klebeband

kleine Platte aus festem Schaumstoff

Arbeitshandschuhe (optional)

Schleifpapier mit feiner Körnung

Pinsel

Vorlage

siehe S. 203–204

Schneide die Dose von oben nach unten auf und befreie sie von Deckel und Boden. Biege das Blechstück gerade und lege es flach vor dir auf der Arbeitsfläche aus.

Befestige die Vorlage für das Votivbild mit Klebeband an der Außenseite des Bleches (also der bedruckten Seite) und schneide das Blech entlang der Kontur aus, dann schleife die Schnittkanten ab, damit sie nicht mehr scharfkantig sind.

Lege das Blech auf die Schaumstoffplatte, die als Unterlage für die Bearbeitung des Dosenmetalls dient. Lege die Motiv-Vorlage darüber. Fahre mit der Spitze eines Kugelschreibers, eines Nagelhautschiebers oder mit einem Prägestift über die Konturen, um die Linien in das Blech zu prägen.

Du kannst den Wandschmuck silbern lassen oder ihn golden lackieren.

Von Herzen kommend

Das Ex Voto, auch Votivbild genannt, ist ein symbolisches Opfer, das einer überirdischen Macht dargebracht wird, um deren Beistand zu erbitten oder ihr für bereits erfolgte Hilfe zu danken. Das christliche Symbol des »Flammenden Herzens« steht für die sich hingebende Liebe und war früher in Kirchen und Kapellen ein beliebtes Motiv, mittlerweile hat es auch Einzug in die Popkultur gefunden.

Naturwachs-Kerzen

Materialien

450 g pflanzliches Bio-Wachs oder Bienenwachs

100 g Kokosöl

Runddocht

3 metallene Zieh-laschen von leeren Getränkedosen

1–2 EL ätherisches Öl (optional)

3 Gläser mit weiter Öffnung, ca. 225 g

Werkzeuge & Hilfsmittel

Kochtopf

große leere Konservendose

Essstäbchen

Kochthermometer

Befülle einen Kochtopf mit Wasser und stelle eine leere, trockene Konservendose hinein für ein Wasserbad. Lasse das Wachs und das Kokosöl in der Konservendose im Wasserbad bei niedriger Temperatur schmelzen. Achte darauf, dass das Wachs nicht mit dem heißen Wasser in Berührung kommt. Rühre regelmäßig mit einem Stäbchen um.

In der Zwischenzeit schneide 3 Stücke Kerzen-docht ab, die etwas länger sind als die Höhe der zu befüllenden Gläser. Binde an je ein Ende der Kerzendochtstücke eine Getränkedosen-Ziehlasche. Gib einen kleinen Klecks flüssiges Wachs in die Mitte des Bodens eines Glases und drücke eine der Ziehlaschen darauf, um sie am Glasboden zu fixieren. Um sicherzustellen, dass der Docht aufrecht senkrecht im Glas ausgerichtet wird, knote das lose Ende des Dochtes um ein Essstäbchen, das du quer über das Glas legst. Bereite die anderen Gläser ebenso vor.

Rühre nun das ätherische Öl in das flüssige Wachs ein (es sollte nicht heißer sein als 43 °C). Gieße das Wachs bis etwa 2,5 cm vom oberen Rand in die Gläser. Lasse das Wachs aushärten und schneide dann die Dochtenden etwa 5 cm über dem Wachs ab.

Kerzendochte selbst herstellen

Schmelze Wachs im Wasserbad. Tauche ein Stück Baumwollkordel vollständig darin ein und lege die Kordel dann so gerade wie möglich auf ein Blatt Backpapier. Lasse das Wachs abkühlen, dann lege den Docht für einige Minuten ins Gefrierfach. Mit diesem Kerzendocht kannst du Kerzen in handelsüblichen Formen herstellen, du kannst aber auch Metalldosen, leere Teelichtgefäße oder andere feuerfeste Behältnisse mit Wachs ausgießen.

Glühbirnen-Öllampe (1)

Materialien

1 ausgebrannte Glühbirne, Kerzendocht,
Öllampen-Dochthalter, Olivenöl oder
spezielles Lampenöl

Werkzeuge & Hilfsmittel

Zange, kleine Fräsmaschine oder Bohrmaschine
mit Fräsaufsatz

Fräse den mit schwarzem Kunststoff um-
mantelten Fuß der Glühbirne ab. Ziehe dann
das Innenleben der Glühbirne mit der Zange
heraus.

Gieße Olivenöl oder spezielles Lampenöl in
die Glühbirne. Fädele einen Docht durch
die Öffnung der Glühbirne und durch den
Dochthalter.

Möbelfuß-Kerzenständer (2)

Materialien

1 Möbel-Fußteil, 1 Kerze

Werkzeuge & Hilfsmittel

Bohrmaschine mit Holzbohraufsatz, Zange

Entferne die Schraube am Fußende des
Möbelfußes mit einer Zange und bohre dann
mit Bohrmaschine und Holzbohrer ein Loch mit
dem Durchmesser der Kerze in das spitze Ende
des Fußteils.

Befestige eine Kerze auf dem Kerzenständer.

Kronkorken-Kerzen (3)

Materialien

Kronkorken, Kerzendocht, Teelicht-
Dochthalter, Kerzenwachsreste oder
Kerzenwachsgranulat

Werkzeuge & Hilfsmittel

leere Konservendose, Kochtopf, kleiner
Löffel, Stoffschere

Schneide für jeden Kronkorken ein 2 cm
langes Stück Kerzendocht ab. Stecke jeden
Docht auf einen Dochthalter und stelle ihn
aufrecht in einen Kronkorken.

Schmelze das Wachs im Wasserbad in der
Konservendose. Lasse es etwas abkühlen und
befülle dann die Kronkorken mithilfe eines
kleinen Löffels mit Wachs.

Windlicht aus Wachs (4)

Materialien

1 Luftballon, Kerzenwachsreste oder
Wachsgranulat, 1 Teelicht

Werkzeuge & Hilfsmittel

leere Konservendose, Kochtopf, Schere,
Backpapier

Schmelze das Wachs im Wasserbad in der
Konservendose.

Fülle lauwarmes Wasser in den Luftballon und
tauche ihn mehrmals in das Wachs, aber nicht
über den Wasserstand im Ballon hinaus.

Stelle den Ballon auf Backpapier und lasse
das Wachs aushärten.

Steche den Ballon dann auf, gieße das Wasser
ab und löse den Ballon vorsichtig aus
der Wachsform. Stelle ein Teelicht in die
Wachsform.

1   2

3   4

Wunderkammer
im Rahmen

Materialien

1 ausrangierter Bilderrahmen

kleine Erinnerungsstücke: Karten, getrocknete Blumen, Figuren, Schmuck …

wieder ablösbare Klebepads

Werkzeuge & Hilfsmittel

Bleistift

Handy

Lege den Rahmen flach auf die Arbeitsfläche und arrangiere darin deine kleinen Lieblingsobjekte. Sobald dir die Anordnung gefällt, fotografiere sie, um später nachsehen zu können, wo die Gegenstände positioniert werden sollen.

Hänge den Rahmen an die Wand und klebe dann die Objekte mithilfe von Klebepads innerhalb des Rahmens auf die Wand. Fertig!

Zauberhafte Dinge, poetisch arrangiert!

Hier finden hübsche Urlaubserinnerungen, kleine Fundstücke, Talismane Platz und bekommen durch die Einrahmung einen ganz besonderen Stellenwert mit poetischer Anmutung.

Teppichreiniger (1)

Zutaten

375 g Natron, 6 Tropfen ätherisches Lavendelöl, 6 Tropfen ätherisches Teebaumöl, 6 Tropfen ätherisches Pfefferminzöl

Hilfsmittel & Materialien

1 Enweckglas

Mische das Natron und die ätherischen Öle sorgfältig durch Schütteln in einem Einweckglas.

Streue die Mischung auf den Teppich. Lasse sie 15–20 Minuten einwirken und sauge sie dann gründlich ab.

Das Mittel ist bis zu 2 Monate haltbar.

Insektenschutzmittel (2)

Zutaten

100 ml Hamameliswasser, 20 Tropfen ätherisches Nelkenöl, 10 Tropfen ätherisches Rosmarinöl, 15 Tropfen ätherisches Lavendelöl, 100 ml destilliertes Wasser

Hilfsmittel & Materialien

1 Glaszerstäuber für 200 ml Inhalt

Fülle alle Zutaten in eine Sprühflasche.

Schüttele sie gut durch und sprühe dann die Mischung auf die Wäsche und sogar auf die Kleidung.

Das Mittel ist bis zu 1 Monat haltbar.

Mottenschutzmittel (3)

Zutaten

Gewürznelken

Hilfsmittel & Materialien

Nähgarn, Nähnadel, Musselinrest

Lege die Gewürznelken auf ein kleines, quadratisches Stück Musselin und falte den Stoff so, dass ein kleiner Beutel entsteht. Nähe die Seiten mit Garn zusammen und bringe ein Stück Garn als Aufhänger an.

Hänge den Beutel an einem Kleiderbügel in den Schrank oder lege ihn in eine Schublade. Du kannst nach einiger Zeit die Gewürznelken ersetzen und das Musselinquadrat wiederverwenden.

Reinigungspulver für Kissen und Matratzen (4)

Zutaten

300 g Natron, 20 Tropfen ätherisches Lavendelöl, 5 Tropfen ätherisches Zitronengelböl, 5 Tropfen ätherisches Rosmarinöl, 5 Tropfen ätherisches Nelkenöl

Hilfsmittel & Materialien

1 Glasgefäß

Fülle das Natron in ein Glasgefäß und gib dann tropfenweise die ätherischen Öle hinzu. Verschließe das Glas und schüttele es, um alles gut zu vermischen.

Streue das Pulver auf Kissen oder Matratzen und lasse es mindestens 4 Stunden einwirken. Sauge es dann mit einem Staubsauger (mit Bürstenaufsatz) ab. Das Mittel ist nicht haltbar und muss frisch angerührt werden.

Leuchtkuppel

Materialien

1 Glaskuppelglocke mit Sockel

1 LED-Lampenfassung inklusive Kabel, Stecker und LED-Glühbirne

deckende Farbe

getrocknete Blumen

Strickgarnreste (optional)

Werkzeuge & Hilfsmittel

Akkuschrauber oder Schraubenzieher

Bohrmaschine mit Holzbohraufsatz

Heißklebepistole

Hohleisen

Stechahle

Pinsel

Bohre in den Sockel der Glaskuppelglocke ein Loch in der Größe der LED-Lampenfassung. Dann höhle mit dem Hohleisen eine kleine Rinne in der Dicke des Kabels an der Unterseite des Sockels aus.

Bemale den Sockel und lasse die Farbe trocknen.

Installiere die Lampenfassung und das Stromkabel am Sockel.

Bohre mit der Stechahle kleine Löcher in den Sockel. Fülle etwas Heißkleber in die Löcher und stecke die Stängel der Trockenblumen hinein.

Fertige optional Pompons an und arrangiere sie zwischen den Blumen.

Installiere die LED-Glühbirne (verwende eine Glühbirne, die nicht heiß wird) und setze die Glaskuppelglocke auf den Sockel.

Die Szenerie gestalten

Lasse deiner Fantasie freien Lauf und integriere Gräser, Muscheln oder andere kleine Gegenstände in das Arrangement, um der Leuchtkuppel das Flair eines Kuriositätenkabinetts zu verleihen.

Pflanzen trocknen und pressen

PRESSEN

Bei dieser Methode bleibt die Farbe der Blumen erhalten. Du kannst eine spezielle Presse oder schwere Bücher verwenden. Lege die Blumen zwischen zwei Blätter Papier oder Seidenpapier, mit großem Abstand zueinander. Sobald die Blumen nach etwa 2–3 Wochen getrocknet sind, löse sie vorsichtig vom Papier.

AN DER LUFT TROCKNEN

Entferne zunächst das Laub und eventuelle Dornen von den Stängeln. Binde kleine Sträuße aus 6–8 Stängeln, indem du sie mit einer Schnur zusammenbindest. Hänge sie kopfüber an einem trockenen, warmen und gut belüfteten Ort auf, am besten an einem lichtgeschützten Ort. Die Blumen sind nach 2–3 Wochen getrocknet. Lasse große Exemplare einzeln trocknen.

Tipps

• Haarspray, das als leichter Nebel aufgesprüht wird, sorgt dafür, dass die getrockneten Blumen weniger Blütenblätter verlieren.

• Glycerin hilft den Blumen, ihre Farben und ihre Geschmeidigkeit zu behalten. Gieße ¾ heißes Wasser auf ¼ Glycerin in ein hohes Gefäß und tauche die Blumen hinein. Warte, bis die Mischung eingezogen ist, dann lasse die Blumen an der Luft trocknen.

KIESELGEL-ABSORBER NUTZEN

Kieselgel-Absorber nehmen die Feuchtigkeit auf und helfen dabei, Blumen besonders schnell (in etwa 2–3 Tagen) zu trocknen: Lege den Boden eines luftdicht verschließbaren Behälters mit einer ersten Schicht Kieselgel-Absorbern aus und lege dann die Blumen darauf. Bedecke sie dann vorsichtig mit einem kleinen Löffel mit einer weiteren Schicht Kieselgel-Absorbern. Verschließe den Behälter und stelle ihn an einem warmen, trockenen Ort auf. Nimm die Blumen nach einigen Tagen vorsichtig heraus.

Tipps

• Die Kieselgel-Absorber können wiederverwendet werden. Lege sie bei 120 °C in den Backofen und lasse sie dort, bis sie trocken sind.

• Wenn du eine Katze hast, stibitze ihr ein wenig Streu, das funktioniert auch!

IM OFEN TROCKNEN

Diese Methode funktioniert nur mit einem Konvektionsofen, bei dem ein Ventilator im Boden installiert ist. Wenn du einen herkömmlichen Backofen hast, verzichte lieber auf diese Technik!

Stecke die Blumen vorsichtig in die Löcher im Gitter des Ventilators. Die Blütenköpfe sollten gerade bleiben und die Stiele in der Luft hängen.

Lasse die Blumen bei 40 °C mehrere Stunden lang trocknen.

Patchwork-Vorhang

Materialien

alte Stofftaschentücher
etwas goldfarbener Tüll
oder Goldband
Nähgarn

Werkzeuge &
Hilfsmittel

Nähnadel
Stecknadeln
Stoffschere
Bügeleisen

Stecke die Taschentücher rechts auf rechts mit Stecknadeln zusammen, bis die gewünschte Größe des Vorhangs erreicht ist.

Nähe die Taschentücher mit möglichst zarten Nähten zusammen. Bügele das Ganze.

Schneide aus Tüll Streifen zu und nähe sie oben als Aufhängeschlaufen an den Vorhang.

Secondhand-Textilien mit Charme

Die Textilindustrie verbraucht jede Menge Wasser, Energie, Baumwolle, Chemikalien und Plastik und stößt jedes Jahr 1,2 Milliarden Tonnen Treibhausgase aus. Wir können unseren eigenen Fußabdruck in diesem Sektor, der zu den umweltschädlichsten unseres Planeten gehört, verringern, indem wir weniger und bewusster einkaufen. Nutzen wir daher so oft wie möglich Secondhand-Textilien und upcyceln wir alte Stücke kreativ, um ihnen ein neues Leben zu verleihen.

Badezimmer

Wiederverwendbare
Abschminkpads

Materialien

Stoffreste aus Baumwolle

goldfarbene Tüllreste

Frotteestoff oder Reste von Frotteehandtüchern

Nähgarn

Werkzeuge & Hilfsmittel

Nähnadel
Stoffschere

Schneide pro Abschminkpad aus dem Baumwollstoff und aus dem Frotteestoff jeweils 1 Quadrat mit 12 cm Seitenlänge zu. Schneide aus dem Tüll 1 kleines Rechteck im Format 1,5 cm x 10 cm zu.

Lege die Stoffquadrate rechts auf rechts übereinander und vernähe sie, mit etwas Nahtzugabe, rundherum, wobei du an einer Ecke eine Öffnung von 2 cm unvernäht lässt.

Schneide die Ecken schräg in die Nahtzugabe zurück und wende das Werkstück auf rechts. Schiebe die beiden Enden eines doppelt gefalteten Tüllrechteckes durch die Öffnung und vernähe es fest mit den anderen Lagen.

Tipp

Wenn du die Abschminkpads auf rechts wendest, verwende einen Bleistift oder ein Essstäbchen, um den Stoff in die Ecken zu drücken.

Die Verschwendung stoppen!

Allein in Deutschland liegt der jährliche Pro-Kopf-Verbrauch von Wattepads bei über 1000 Stück. Dazu kommt noch, dass mehr als 5000 Liter Wasser benötigt werden, um ein einziges Kilogramm konventioneller, mit Pestiziden behandelter Baumwolle zu produzieren, sodass die ökologischen Kosten von Wegwerfwatte enorm sind. Ihre wiederverwendbaren Kollegen sind ebenso praktisch, aber um einiges umweltfreundlicher, denn sie können heiß gewaschen werden.

Kissennebel (1)

Zutaten

15 ml Hamamelisextrakt, 5 Tropfen ätherisches Lavendelöl, 45 ml destilliertes Wasser

Hilfsmittel

Trichter, Glas-Sprühflasche für 60 ml Inhalt

Fülle die Zutaten und 45 ml destilliertes Wasser mithilfe eines Trichters in eine Glas-Sprühflasche. Vermische alles miteinander.

Besprühe dein Bettlaken, Handtücher und Kissen bei Bedarf mit diesem Nebel und schüttele die Mischung vor jeder Anwendung gut durch.

Die Mischung ist bis zu 6 Monate haltbar.

Hafer-Lavendel-Badesäckchen (2)

Zutaten

95 g Haferflocken, 2 EL getrockneter Lavende

Hilfsmittel

Schüssel, Stoffbeutel (siehe S.55, wenn du ihn selbst herstellen möchtest)

Vermische die Haferflocken und den Lavendel in einer Schüssel. Fülle die Mischung in einen Stoffbeutel.

Wenn du ein Bad eingelassen hast, tauche den Beutel hinein und lasse alles ein paar Minuten einweichen. Drücke ihn dann zusammen um den Hafer-Lavendel-Aufguss im Wasser zu verteilen.

Nach dem Bad kannst du den Beutel leeren, auswaschen und trocknen lassen, um ihn wiede zu verwenden.

Körperbutter (3)

Zutaten

55 g Sheabutter, 55 g Kakaobutter, 60 ml Süßmandelöl, 6 Tropfen ätherisches Muskatellersalbei-Öl, 10 Tropfen ätherisches Süßorangenöl

Hilfsmittel

Kochtopf, Schüssel, Löffel, luftdicht verschließbares Glas

Schmelze die Shea- und Kakaobutter in einer Schüssel über einem Wasserbad. Achte dabei darauf, dass der Boden der Schüssel nicht mit dem kochenden Wasser in Berührung kommt.

Lasse die Mischung leicht abkühlen und rühre dann das Süßmandelöl und die ätherischen Öle unter. Stelle die Mischung zugedeckt für 1-2 Stunden zum Aushärten in den Kühlschrank, bis die Konsistenz butterähnlich ist, dann fülle die Körperbutter in ein luftdicht verschließbares Glas um.

Entnimm eine kleine Menge Körperbutter und creme dich nach dem Duschen/Baden damit ein. Sie ist bis zu 6 Monate haltbar.

Massageöl (4)

Zutaten

90 ml Süßmandelöl, 1 Tropfen ätherisches Lavendelöl, 1 EL Calendulaöl (optional)

Hilfsmittel

Schüssel, Trichter, Pipettenglas

Vermische alle Zutaten in einer Schüssel. Fülle sie mithilfe eines Trichters in das Glas um.

Entnimm etwas Öl, verreibe es zwischen deinen Händen und nutze es zum Massieren.

Das Öl kann 6-12 Monate aufbewahrt werden.

1

2

3

4

Nützliche Bälle

Natürlich ist Trocknen an der frischen Luft besser als die Verwendung eines elektrischen Trockners, der den Textilfasern zusetzt und jede Menge Strom verbraucht. Wenn du dennoch einen Wäschetrockner benutzt, sind zumindest Trocknerkugeln, die die Trocknungsdauer verringern, eine hervorragende Alternative. Sie fördern die Luftzirkulation, was den Trocknungsprozess beschleunigt und Energie spart. Die hier vorgestellten Trocknerkugeln bestehen aus natürlichem Material, sind langlebig und einfach herzustellen. Im Gegensatz zu Trocknertüchern, die die Textilien mit Weichmachern durchsetzen, speichern sie Feuchtigkeit und reduzieren so die statische Aufladung. Ihre Bewegung lockert außerdem die Textilien auf, wodurch diese wunderbar flauschig werden, und dies ganz ohne Chemikalien. Außerdem sind die selbst gemachten Filzkugeln um einiges preiswerter als im Handel gekaufte.

Trocknerkugeln aus Filz

Materialien

Strickgarn
ausrangierte Nylonstrumpfhose
Nähgarn
ätherisches Öl

Werkzeuge & Hilfsmittel

Häkelnadel
Stoffschere

Wickele das Strickgarn 6- oder 7-mal um deine Finger. Schiebe dieses Mini-Knäuel von deiner Hand und wickele das Garn 6- oder 7-mal mittig darum. Wickele das Garn weiterhin fest um das kleine Knäuel, in alle Richtungen, sodass eine tennisballgroße Kugel entsteht.

Schneide den Faden ab und ziehe ihn mithilfe der Häkelnadel unter mehreren Lagen Strickgarn ein.

Stelle 4–5 weitere Kugeln her. Schneide von einer Nylonstrumpfhose ein Bein ab. Schiebe eine Kugel bis zum Ende des Nylonstrumpfhosenbeines und binde mit einem Stück Garn einen Knoten direkt darüber, damit die Kugel nicht verrutschen kann. Schiebe die Kugeln nacheinander in das Bein der Strumpfhose und fixiere sie mit festen Garnknoten.

Wasche die Kugeln zusammen mit deiner Wäsche in der Maschine bei 50 °C. Gib die Kugeln nach dem Waschen in den Trockner und starte das heißeste Programm. Wenn die Kugeln noch weiter gefilzt werden müssen (die Garnstränge sollen nicht mehr sichtbar sein), wiederhole den Waschen-Trocknen-Vorgang so oft wie nötig. Dann löse die Kugeln aus dem Nylon.

Sobald die Kugeln fertig gefilzt sind, beträufele sie vor jedem Einsatz im Trockner mit 2-3 Tropfen ätherischem Öl und gib sie mit der feuchten Wäsche in die Trommel.

Tipp
Kaufe kein destilliertes Wasser mehr für dein Bügeleisen, sondern nutze das Wasser aus deinem Wäschetrockner! Es entsteht aus Wasserdampf und hat durch die Verdunstung alle Mineralien verloren.

Zahnputzmittel (1)

Zutaten

15 g Kokosöl, 10 g grüne oder weiße Tonerde,
30 g Kalziumkarbonat, 1 EL Xylitol,
15 Tropfen ätherisches Zitronen- oder
Pfefferminzöl, 1 g Pflanzenkohle (für
weißere Zähne, optional), 20 Tropfen Tensid
(zum Aufschäumen, optional)

Hilfsmittel

Kochtopf, Eiswürfelform aus Silikon,
hölzerne Eisstiele

Vermische alle Zutaten außer den ätherischen
Ölen in einem Topf und erhitze sie bei
niedriger Temperatur. Gib die ätherischen
Öle hinzu, gieße alles in die Mulden der
Silikonform und stecke je einen Eisstiel
hinein. Stelle die Form für 15 Minuten in
den Gefrierschrank. Löse die Portionen aus
der Form. Bei Bedarf rubbelt man dann mit
der Zahnbürste über den angefeuchteten
»Lolli« und putzt dann wie gewohnt Zähne.

Schon gewusst?

Das Wichtigste bei der Mundhygiene ist das
Putzen selbst. Du musst nicht unbedingt

Zahnputzmittel verwenden, um Zähne und
Zahnfleisch gesund zu halten!

Zuckerpeeling (2)

Zutaten

200 g brauner Zucker, 120 ml Süßmandelöl,
10 Tropfen ätherisches Süßorangenöl,
5 Tropfen ätherisches Grapefruitöl

Hilfsmittel

Schüssel, luftdicht verschließbares Gefäß

Vermische alle Zutaten in einer Schüssel
und fülle sie dann luftdicht in ein Gefäß.
Entnimm unter der Dusche oder in der
Badewanne etwas von dem Produkt und massiere
es in die zu peelende Körperstelle ein, dann
spüle es ab. Das Produkt ist bis zu 6 Monate
haltbar.

Deo-Creme (3)

Zutaten

100 g Kokosöl, 60 g Natron, 40 g gemahlene
Pfeilwurz oder Speisestärke, 10 Tropfen
ätherisches Teebaumöl, 10 Tropfen
ätherisches Palmarosaöl

Hilfsmittel

Topf, Schüssel, luftdicht verschließbares
Gefäß

Schmelze das Kokosöl bei schwacher Hitze im
Wasserbad und rühre dann Pfeilwurzpulver und
Natron unter. Nimm den Topf vom Herd, dann
rühre die restlichen Zutaten unter.

Fülle die Mischung in das Gefäß um und
lasse sie im Gefrierschrank gefrieren. Je
schneller die Mischung gefriert, desto
geringer ist die Wahrscheinlichkeit, dass
das Kokosöl aufsteigt.

Schon gewusst?

Das ätherische Öl des Teebaums ist
ein natürliches Antimykotikum und
antibakterielles Mittel und das ätherische
Öl der Palmarosa eignet sich hervorragend
zur Vermeidung unerwünschter Körpergerüche.

Gesichtsreiniger (4)

Zutaten

120 ml flüssige Marseiller Seife, 4 EL
Jojobaöl, 15 Tropfen ätherisches Teebaumöl

Hilfsmittel

Trichter, Pipettenglas

Fülle die Seife und das Jojobaöl mithilfe
eines Trichters in ein Pipettenglas. Träu-
fele das ätherische Öl ein und schüttele die
Mischung.

Entnimm bei Bedarf etwas von der Mischung,
verreibe sie zwischen den Händen und trage
sie auf das feuchte Gesicht auf, indem du
sie sanft einmassierst. Spüle sie gründlich
mit klarem Wasser ab.

Vor jeder Anwendung gut schütteln. Das
Produkt ist bis zu 6 Monate haltbar.

1  2

3 4

T-Shirt-Garn
selbst herstellen

Deine alten T-Shirts kannst du nicht nur als Putzlappen verwenden, sondern auch zu einem ganz besonderen Garn verarbeiten. Wir zeigen dir hier, wie du aus T-Shirts tolle Knäuel herstellen kannst, die du zum Stricken, Häkeln oder zum Weben eines Tawashi-Schwammes (siehe S.187) verwenden kannst.

Schneide den unteren Saum des T-Shirts ab, schneide dann 2 cm breite horizontale Streifen von einer Seite bis etwa 10 cm vom gegenüberliegenden Rand entfernt ein (siehe Vorlage auf S.208). Fahre auf diese Weise bis zu den Ärmeln fort und schneide das Oberteil des T-Shirts ab.

Schneide den ersten Fransenstreifen unten diagonal durch, um aus dem ersten Streifen den Fadenanfang zu bilden. Schneide dann immer diagonal von einem Fransenstreifen zum anderen, bis du das gesamte T-Shirt in einen langen Strang verwandelt hast.

Wickele das Garn zu einem Knäuel auf — fertig!

T-Shirts — eine wertvolle Ressource

Hinter diesem beliebten Basic steht eine der umweltschädlichsten Industrien der Welt. Die Modebranche verkauft jedes Jahr weltweit rund 100 Milliarden Kleidungsstücke, wobei sich die Produktion innerhalb von 15 Jahren verdoppelt hat, obwohl die Lebensdauer von Textilstücken angesichts der Angriffe der Fast-Fashion immer weiter gesunken ist. Manche Kleidungsstücke werden nur etwa 10-mal getragen, bevor sie weggeworfen werden – zusammen mit den 4 Millionen Tonnen Textilien, die jährlich im Müll landen. 80 Prozent dieser Kleidungsstücke werden einfach vernichtet, da sie aufgrund ihrer mangelnden Qualität nicht für eine Wiederverwertung geeignet sind. Ein Grund mehr, sie zu einem hübschen Knäuel zu verarbeiten, oder?

Tawashi-Schwamm

Materialien

**selbst gemachtes
T-Shirt-Garn (siehe
S.185) oder gekauftes
Bändergarn**
28 kleine Nägel
Holzbrett

Werkzeuge &
Hilfsmittel

Hammer
Geodreieck
Bleistift

Vorlage

siehe S.213

DER WEBSTUHL

Zeichne auf einem Holzbrett ein Quadrat mit einer Seitenlänge von 16 cm und markiere auf allen Seiten im Abstand von 2 cm Markierungen. Schlage an jeder Markierung je einen kleinen Nagel ein, außer an den Ecken.

DAS WEBEN

Befestige das lose Fadenende des T-Shirt-Garns am ersten Nagel in der linken oberen Ecke. Führe den Faden von oben nach unten und dann von unten nach oben um die Nägel herum, um ihn vertikal zu spannen. Webe den Faden dann horizontal von unten nach oben, indem du ihn über und unter die gespannten Fäden führst. Sobald du am Ausgangspunkt angekommen bist, verknote die beiden Enden des Fadens miteinander und schneide sie bündig ab. Ziehe die beiden Schlaufen rechts neben den verknoteten Enden von den Nägeln. Führe die zweite Schlaufe durch die erste und ziehe ein wenig daran. Fahre auf dieselbe Weise mit dem gesamten Tawashi fort. Löse beide Enden des Fadens, ziehe eines durch die letzte Schlaufe und binde erneut einen Knoten.

Das Tawa-wie-wo-was?

Das japanische Wort *Tawashi* bedeutet übersetzt so viel wie »Kratzen«. Der Tawashi ist ein Zero-Waste-Schwamm, den man aus alten Textilien und einem mehr oder weniger ausgeklügelten, zu Hause gebastelten Webstuhl herstellt. Man kann ihn ganz einfach aus einem Knäuel T-Shirts (siehe S.185) herstellen, aber auch aus ein paar verwaisten oder löchrigen Socken, Nylonstrümpfen, abgetragenen Oberteilen. Er ist praktisch, ökologisch, preiswert – und hat außerdem einen sehr niedlichen Namen!

Raumspray (1)

Zutaten

6 Tropfen ätherisches Eukalyptusöl,
6 Tropfen ätherisches Lavendelöl,
6 Tropfen ätherisches Orangenöl,
2 Tropfen ätherisches Teebaumöl,
125 ml destilliertes Wasser

Hilfsmittel

kleine Sprühflasche

Befülle eine Sprühflasche mit dem destillierten Wasser und füge die ätherischen Öle hinzu.

Schüttele die Mischung vor Gebrauch gut durch.

Das Raumspray kann bis zu 1 Monat aufbewahrt werden.

Allzweckreiniger (2)

Zutaten

1 TL flüssige Marseiller Seife, 1 EL Wasserstoffperoxid, 5 Tropfen ätherisches Eukalyptusöl, 5 Tropfen ätherisches Zitronenöl, 10 Tropfen ätherisches Pfefferminzöl

Hilfsmittel

kleine Sprühflasche

Fülle die Flüssigseife, das Wasserstoffperoxid und 40 ml Wasser in eine kleine Sprühflasche. Gib die ätherischen Öle hinzu und schüttele alles gut durch.

Der Reiniger kann bis zu 2 Wochen aufbewahrt werden.

WC-Tabs (3)

Zutaten

75 g Zitronensäure, 225 g Natron, Schale von 1 Orange, 25 Tropfen ätherisches Öl von Orangen oder Zitronen, 24 Tropfen ätherisches Öl von Lavendel

Hilfsmittel

Salatschüssel, Sprühflasche, Löffel, Silikonform mit runden Mulden, luftdicht verschließbare Dose

Mische das Natron, die Zitronensäure und die Orangenschale in einer Schüssel. Füge die ätherischen Öle hinzu und mische sie gut unter. Füge mit einer Sprühflasche das Äquivalent von 1–2 TL Wasser in einem feinen Nebel hinzu, jeweils einen $^1/_2$ TL. Mische nur so viel Wasser unter, bis sich die Masse zusammenfügt, aber kaum feucht ist. Fülle sie in die Mulden der Silikonform und drücke die Luft heraus. Lasse die Tabs über Nacht trocknen, dann löse sie aus der Form.

Lasse bei Bedarf 1–2 Tabs 5 Minuten lang in der Toilettenschüssel einwirken, dann schrubbe die Schüssel ab.

Luftdicht verpackt können die Tabs bis zu 3 Monate aufbewahrt werden.

Glasreiniger (4)

Zutaten

Saft von ½ Zitrone, 120 ml weißer Essig, 1 EL Speisestärke

Hilfsmittel

Schüssel, Schneebesen, Sprühflasche

Verquirle den Zitronensaft, den Essig und die Speisestärke in einer Schüssel, dann mische 120 ml Wasser unter und fülle die Mischung in eine Sprühflasche um.

Zum Reinigen von Fenstern oder Spiegeln verwende einfach zerknüllte Zeitungsblätter, wie es unsere Großeltern taten. Tränke das Papier mit der Mischung und mache beim Wischen kreisende Bewegungen.

1

2

3

4

Beton-Glasgefäß

Materialien

1 leere Glasflasche vom Typ Fruchtsaftflasche, mit weitem Hals
1 altes Röntgenbild
etwas Kreativbeton- oder Zementpulver

Werkzeuge & Hilfsmittel

Malerkrepp-Klebeband
Gipsbecher oder ausrangierte Schüssel
Löffel
Schere

Verschließe die Flaschenöffnung mit Malerkrepp-Klebeband.

Umwickele die Flasche im unteren Teil mit Malerkrepp, um das Glas zu schützen.

Schneide ein Stück Röntgenbild ab, wickele es so um die Flasche, dass es über den Flaschenhals hinausragt, um eine Gussform zu bilden. Klebe es erst senkrecht an den Rändern und dann unten fest, sodass es dicht abschließt. Anstelle des Röntgenbildes kannst du auch dünnen Karton oder eine Klarsichtmappe verwenden, aber ein Röntgenbild ist sehr biegsam und wasserfest. Das ist super praktisch!

Rühre den Beton gemäß Herstellerangaben im Gips-becher an und fülle ihn mit einem Löffel in den Zwischenraum zwischen Flaschenhals und Röntgenbild. Lasse ihn um den Flaschenhals herum nach unten absinken, indem du mit dem Stiel des Löffels den Beton nach unten drückst. Lasse den Beton mindestens 48 Stunden aushärten und entferne dann das Röntgenbild und das Klebeband.

Zu viel Glas?

Wenn du angefangen hast, lose Lebensmittel zu konsumieren und Plastikverpackungen aus deinem Zuhause zu verbannen, hast du wahrscheinlich viele (sehr viele!) Gläser, Flaschen und Behälter aus Glas parat. Zwar können diese recycelt werden, solange man sie in die richtigen Container wirft, aber hier ist eine tolle Möglichkeit, ihnen ein zweites Leben als Deko-Stück zu schenken. Was ist der Bonus? Wenn du deine Gläser individuell gestaltest, ergeben sie auch hübsche Geschenke für deine Mitmenschen.

Holzperlen-Lampe im Glas

Materialien

1 großes Schraubglas

große Holzperlen mit Loch in der Größe des Stromkabels

deckende Farbe in verschiedenen Farbtönen

1 Lampenfassung inklusive LED-Glühbirne, Kabel, abgelöstem Stecker (und optional Schalter)

feiner Sand (optional)

Papier (optional)

Werkzeuge & Hilfsmittel

Akkuschrauber oder Schraubenzieher

Bohrmaschine mit Kegelbohraufsatz für Metall

Pinsel

Elektrozange

Bemale einige Holzperlen und lasse sie gut trocknen. Sobald sie trocken sind, fädele sie auf das Stromkabel, dann montiere den Stecker am Ende des Kabels.

Bohre mit Bohrmaschine und Kegelbohraufsatz in die Mitte des Deckels des Schraubglases ein Loch. Installiere die Lampenfassung auf der Rückseite des Deckels und verbinde sie mit dem Stromkabel. Schraube die LED-Glühbirne ein und verschließe das Glas.

Befülle den Boden des Glases optional mit feinem Sand und dekoriere diesen mit einem kleinen Papierschiffchen, um eine Meeresszene wie auf dem Bild zu kreieren.

Warum eine LED-Glühbirne?

Für eine energiesparende Beleuchtung ist eine LED-Glühbirne ideal. Sie verbraucht 8- bis 10-mal weniger Strom als eine herkömmliche Glühbirne. Ein weiterer Vorteil ist, dass sie nicht heiß wird und ein augenfreundliches Licht ausstrahlt.

Körnerkissen

Materialien

Stoff aus Naturfasern

getrocknete Reiskörner, Kirschkerne, Bohnen, Leinsamen, Linsen ...

Band, Schrägband oder Tüllreste

Nähgarn

Werkzeuge & Hilfsmittel

Trichter
Nähnadel
Stoffschere

Vorlage

siehe S.208

Schneide ein Stück Stoff im Format 55 x 25 cm zu (bzw. 45 cm x 30 cm plus Nahtzugabe).

Falte es der Länge nach rechts auf rechts. Vernähe die Kanten über die gesamte Länge, dann wende es auf rechte. Nähe 10 cm vom Rand entfernt senkrecht und dann der Länge nach, um die 3 kleinen Fächer für die Körner zu nähen, wobei du am Ende 10 cm frei lässt. Fülle die Körner mit einem Trichter ein, aber fülle das Kissen nicht zu prall auf, damit es weich bleibt.

Nähe eine vertikale Naht, um das Kissen zu verschließen.

Zum Schluss säume jedes Ende, wobei du das Ende eines kleinen Bandes (ein Stück Tüll eignet sich auch sehr gut) in die Naht mit aufnimmst, um das Körnerkissen am entsprechenden Körperteil befestigen zu können.

Wärmflasche oder Kühlpack gefällig?

Für eine milde **Wärmeanwendung** lege das Körnerkissen für einige Zeit auf einen Heizkörper. Für eine intensivere Wärme erhitze es in einer ofenfesten Form für 5–10 Minuten bei 100–150 °C im Backofen (Elektro- oder Gasherd). Wenn du die Mikrowelle nutzt, solltest du sehr vorsichtig sein und schrittweise vorgehen, um Verbrennungen zu vermeiden! Beginne mit 30 Sekunden und überprüfe dann jedes Mal nach 10 Sekunden die Temperatur. Stelle am besten eine kleine Tasse Wasser mit in die Mikrowelle, um zu verhindern, dass die Körner zu sehr austrocknen oder sich sogar Brandstellen auf dem Stoff bilden.

Zur Linderung von Migräne, Blutergüssen oder Beulen (gerade bei Kindern) ist die **Kälteanwendung** sehr wirksam. Lege hierfür das Körnerkissen einfach für 1–2 Stunden in den Kühlschrank oder für einige Minuten ins Gefrierfach.

Seifenschale
mit Mosaik-Effekt

Materialien

weiße und farbige luft- oder ofenhärtende Modelliermasse (siehe S. 128)

Klarlack (optional)

Werkzeuge & Hilfsmittel

Schüssel

Nudelholz

Strohhalm

Messer

Schere

Schleifpapier mit sehr feiner Körnung

Forme aus farbiger Modelliermasse mehrere Kugeln in unterschiedlichen Farbtönen und walze sie mit einem Nudelholz flach aus. Schneide kleine Stücke in verschiedenen Formen und Größen von den Teigplatten ab. Lege diese »künstlichen Scherben« auf ein Backblech und lasse sie im Ofen trocknen oder lege sie auf eine ebene Unterlage, damit sie an der Luft trocknen können.

Sobald die »Scherben« ausgehärtet sind, walze die weiße Modelliermasse etwa 1 cm dick aus. Verwende eine Schüssel als Schablone für den Umfang und schneide einen Teigkreis aus. Lege die bunten Scherben nach dem Zufallsprinzip auf den weißen Teigkreis und walze vorsichtig mit dem Nudelholz darüber, sodass die Scherben in den Teig gedrückt werden. Wenn nötig, passe die Rundung an und stanze dann mit einem Strohhalm einige Löcher in den Boden der Seifenschale.

Lege die verzierte Teigplatte vorsichtig in eine Schüssel, damit sie deren Form annimmt, und lasse dann die Modelliermasse im Ofen oder an der Luft aushärten.

Löse die Seifenschale nach dem Trocknen aus der Schüssel und schleife sie leicht mit sehr feinem Schleifpapier glatt ab.

Lackiere die Schale optional mit Klarlack, um sie vor Feuchtigkeit zu schützen.

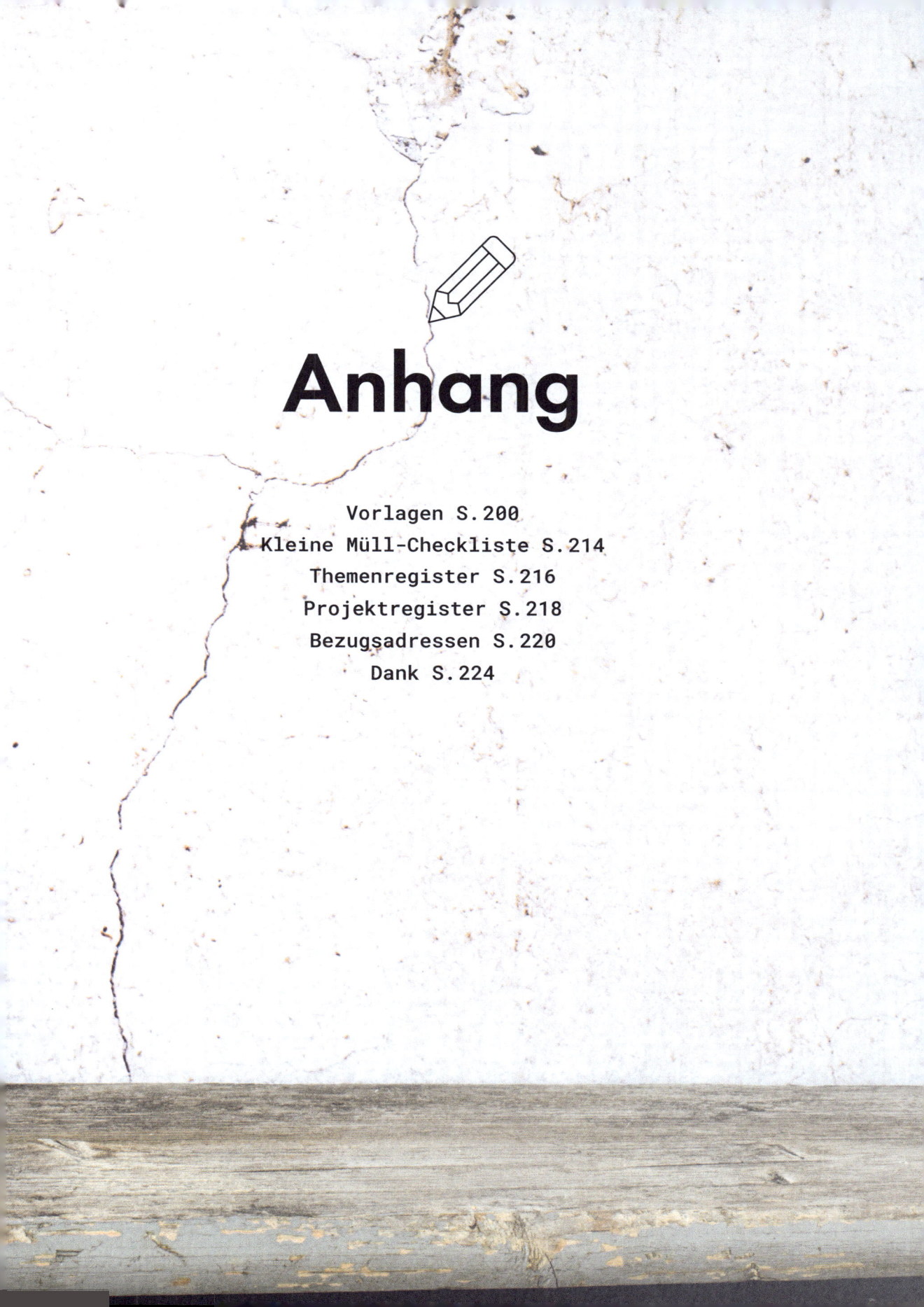

Anhang

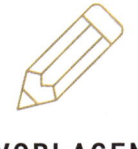

VORLAGEN

Bento-Bag
(S. 46)

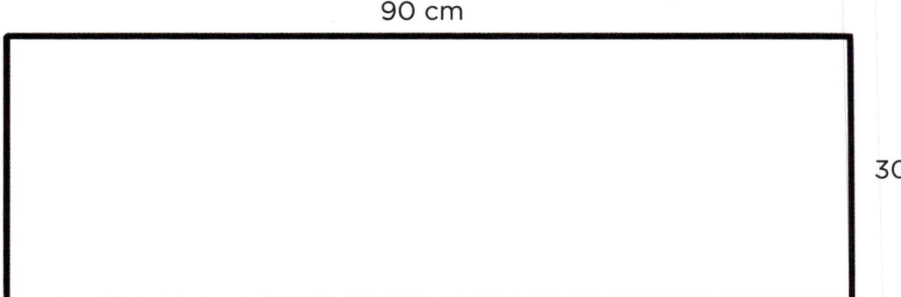

90 cm

30 cm

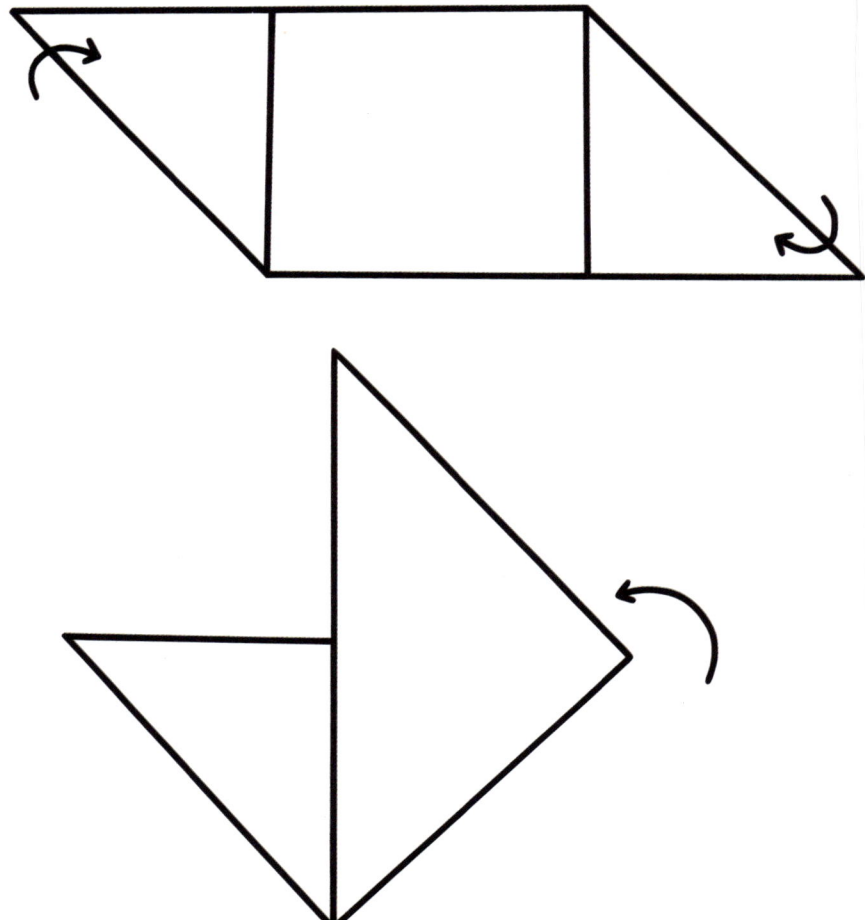

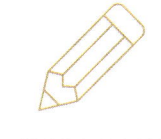

Sternkachel-Spritzschutz
(S. 68)

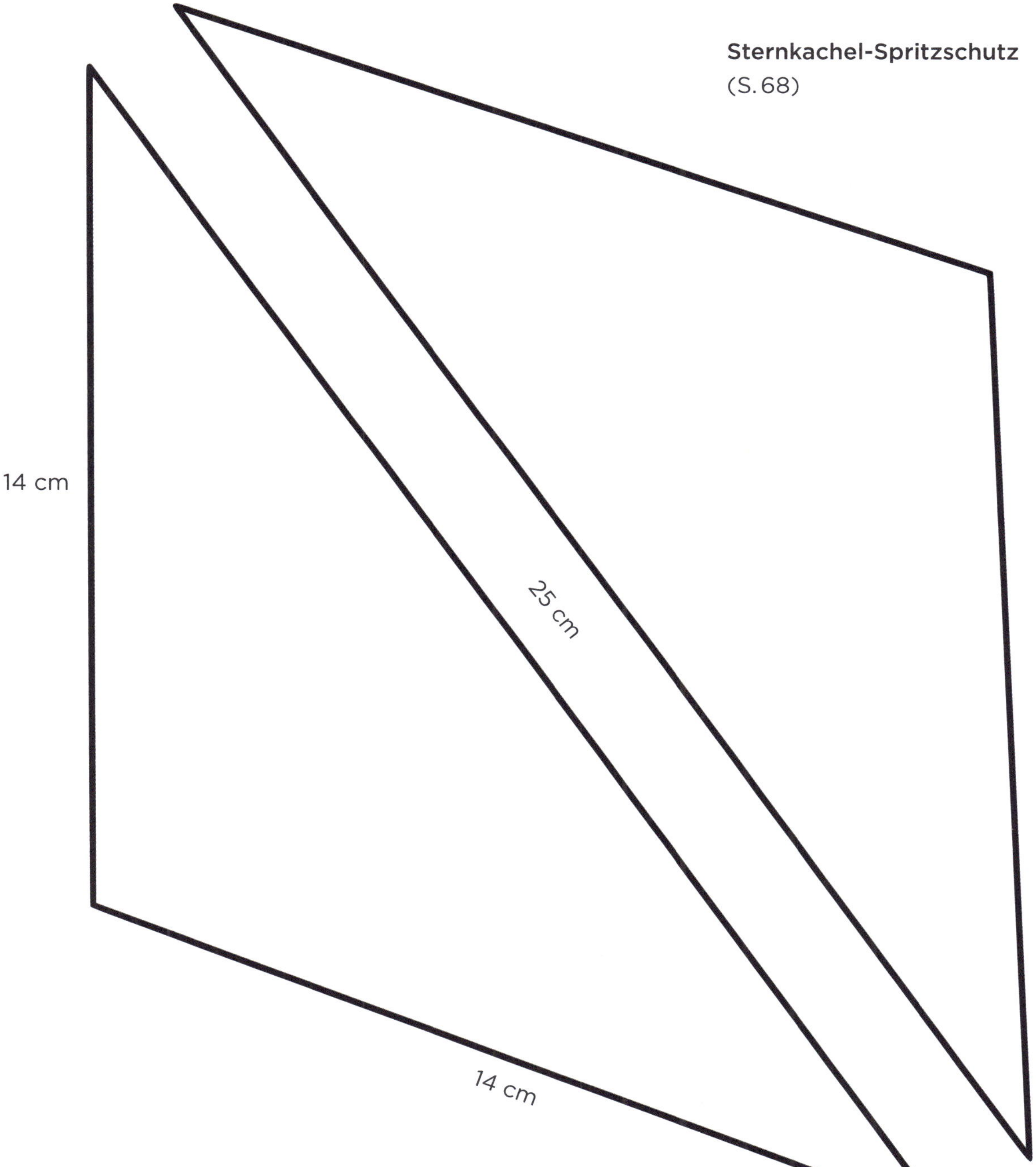

14 cm

25 cm

14 cm

Pflanz-Kärtchen
(S. 28)
Originalgröße

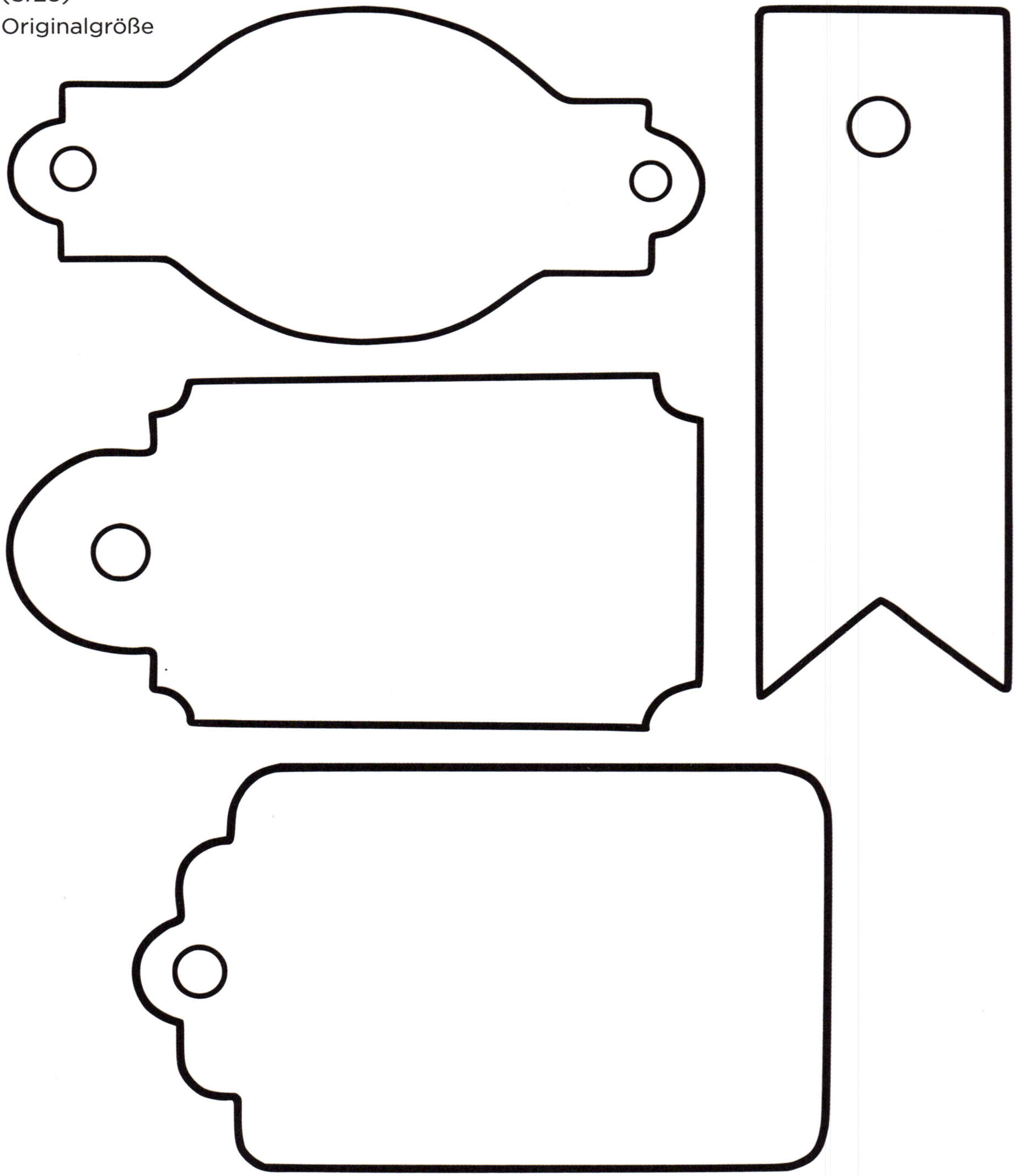

Wandschmuck »Flammendes Herz«
(S. 158)
Originalgröße

Wandschmuck »Flammendes Herz«
(S. 158)
Originalgröße

VORLAGEN

3-D-Pflanz-Etiketten
(S. 34)
Originalgröße

Papier-Töpfchen
(S. 24)

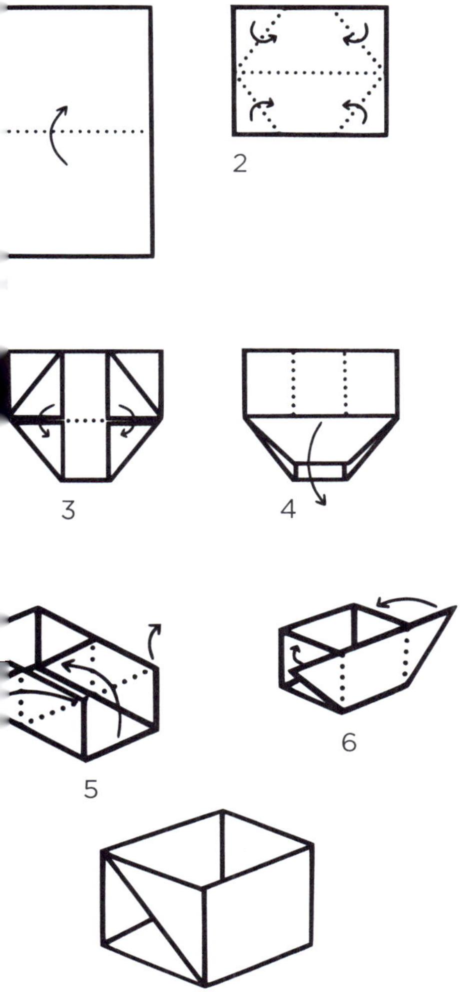

2

3

4

5

6

7

Brotzeit-Tüte
(S. 66)

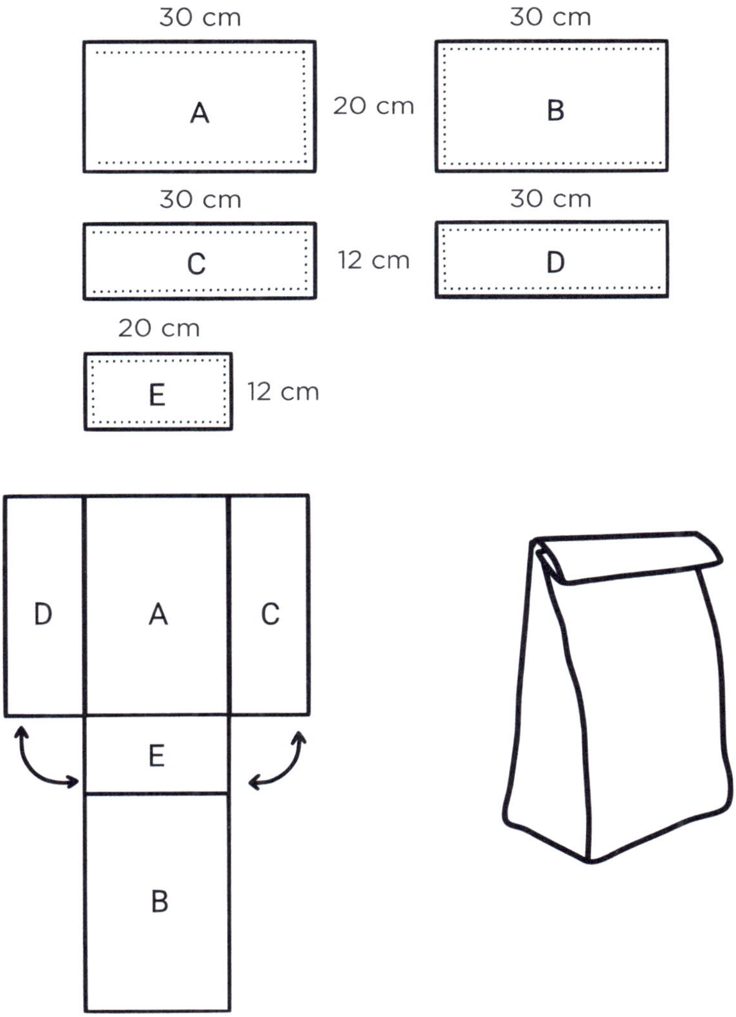

30 cm

A

20 cm

30 cm

B

30 cm

C

12 cm

30 cm

D

20 cm

E

12 cm

D A C

E

B

VORLAGEN

Kork-Stempel
(S. 139)

  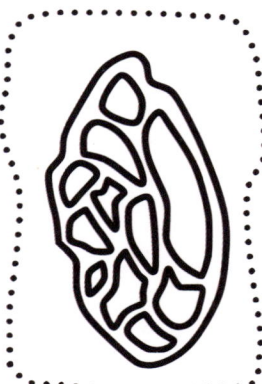 

Kartoffel-Stempel
(S. 139)

VORLAGEN

Schaumstoff-
Stempel
(S. 139)

Radiergummi-Stempel
(S. 139)

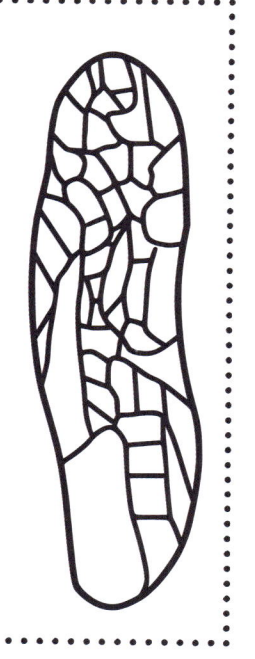

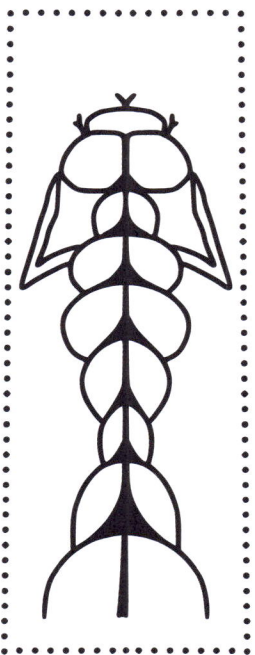

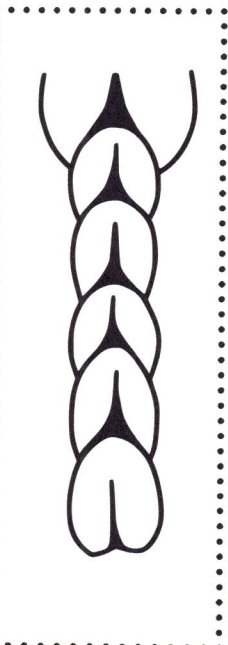

VORLAGEN

Körnerkissen
(S.194)

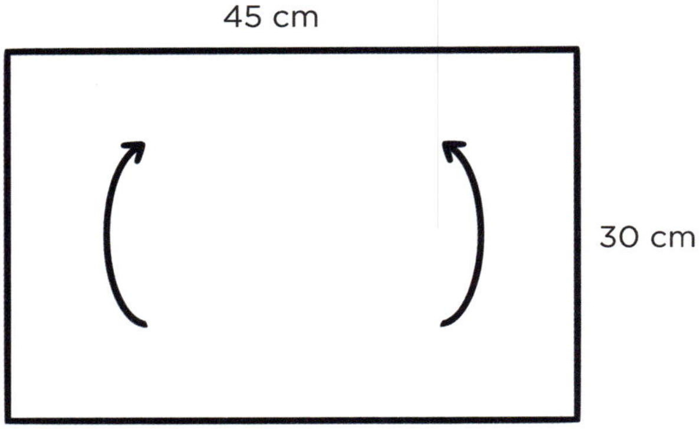

45 cm

30 cm

1

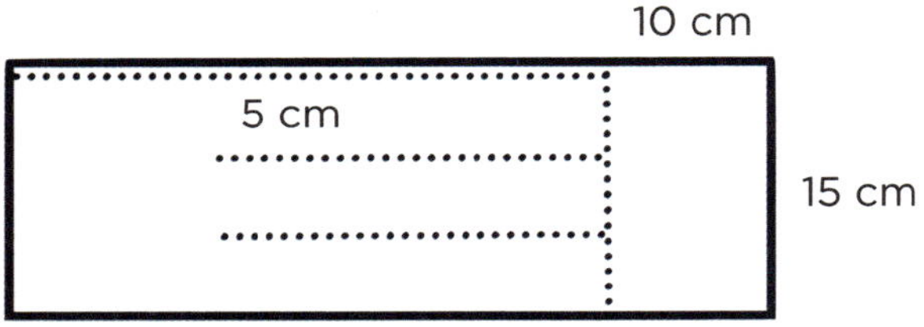

10 cm

5 cm

15 cm

2

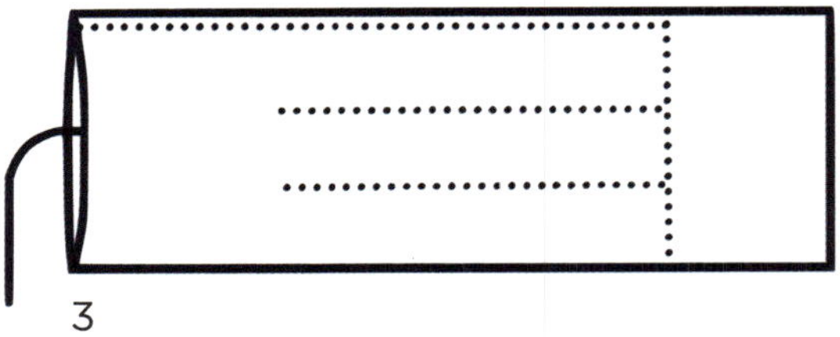

3

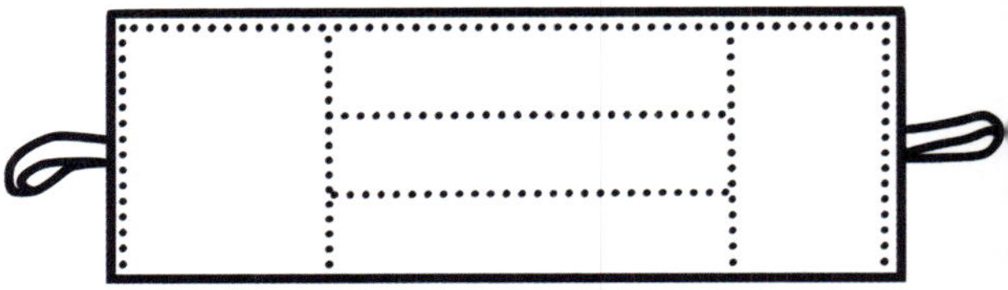

4

T-Shirt-Garn
(S.184)

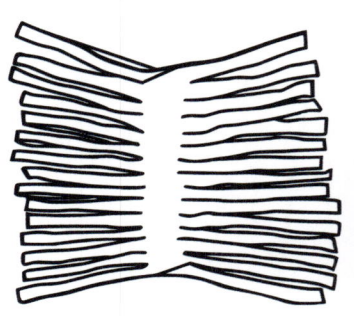

VORLAGEN

Baumhaus-Bauteile
für den Mini-Garten
im Glas (S.130)

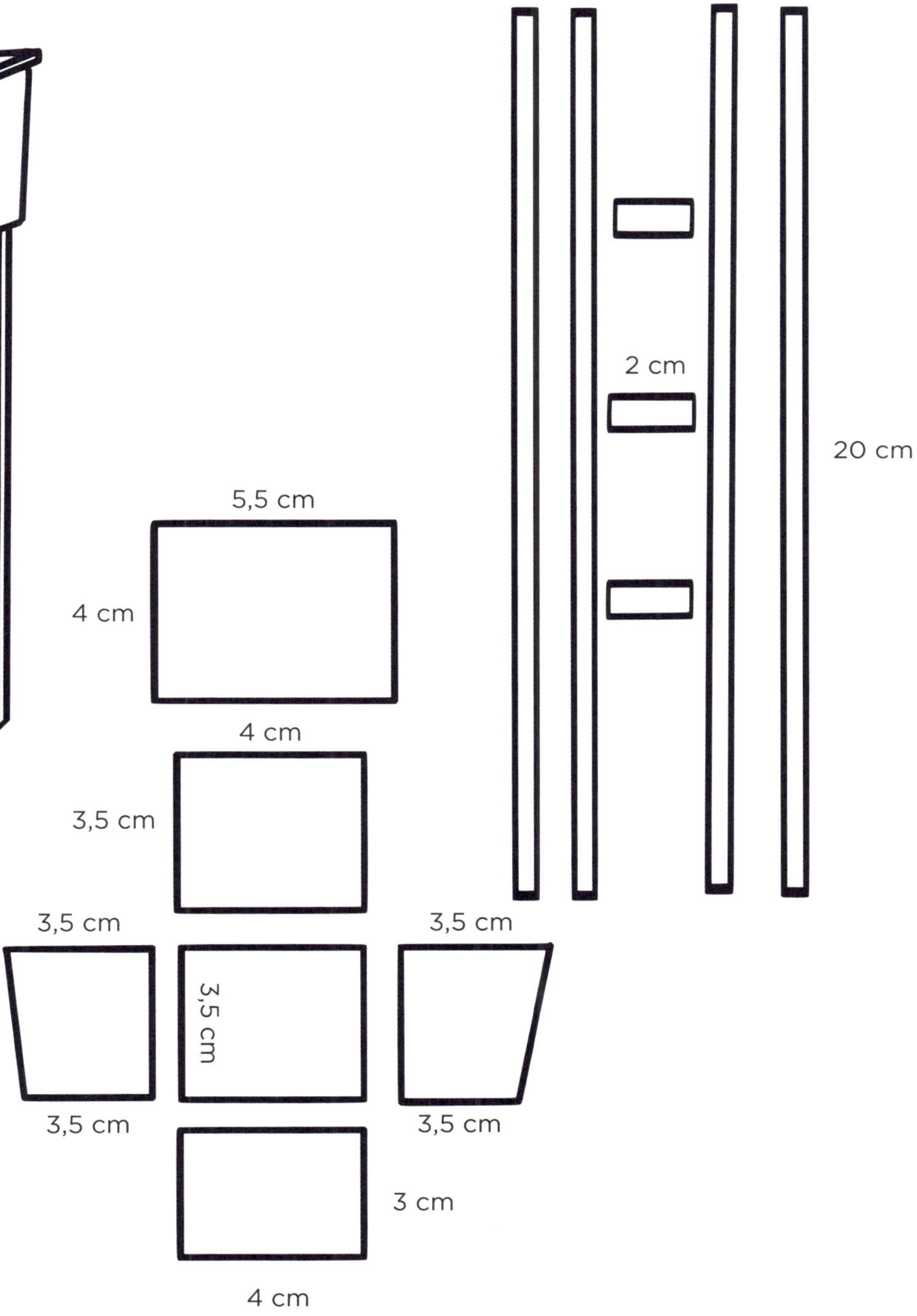

2 cm

20 cm

5,5 cm

4 cm

4 cm

3,5 cm

3,5 cm

3,5 cm

3,5 cm

3,5 cm

3,5 cm

3,5 cm

3 cm

4 cm

**Baumhaus-Bauteile
für den Mini-Garten
im Glas** (S. 130)

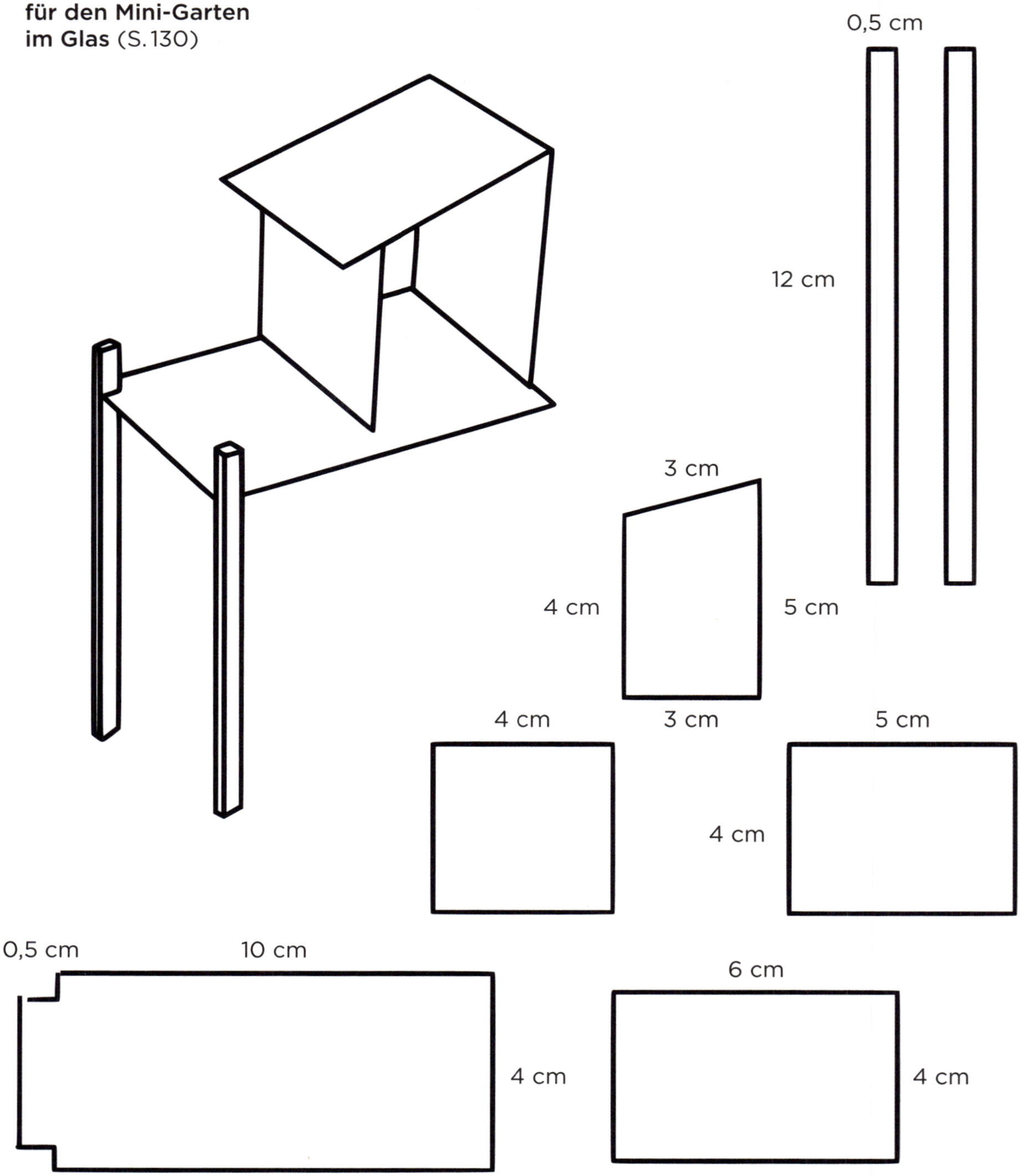

0,5 cm

12 cm

3 cm

4 cm

5 cm

4 cm

3 cm

5 cm

4 cm

0,5 cm

10 cm

4 cm

6 cm

4 cm

aumhaus-Bauteile für
en Mini-Garten im Glas
(S.130)

13 cm (hängt von der Größe der Pflanze ab)

5 cm

3,5 cm

3,5 cm

6 cm

6 cm

5 cm

cm

VORLAGEN

T-Shirt-Tasche
(S.148)

Furoshiki
(S.74)

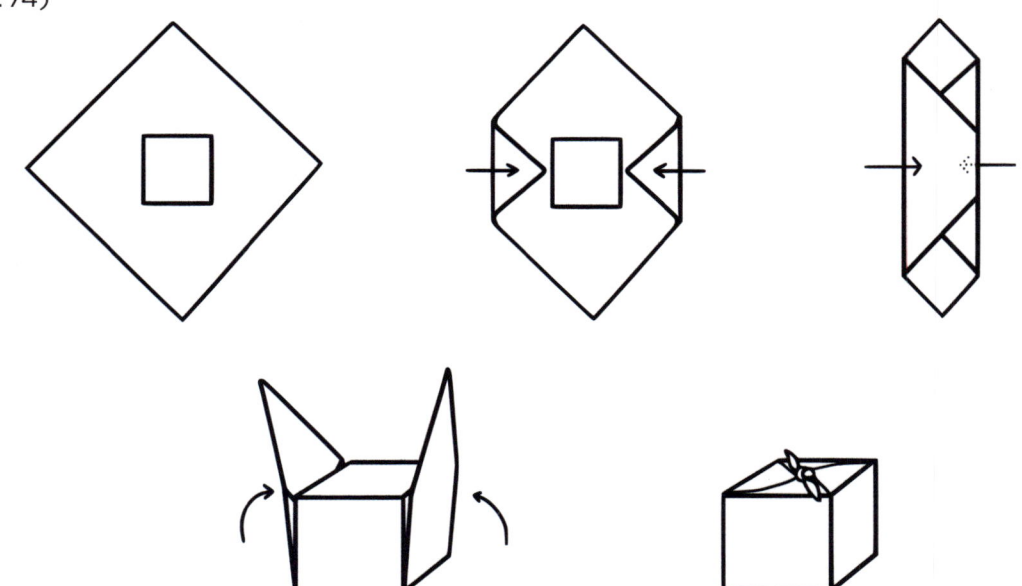

awashi-Schwamm
S.186)

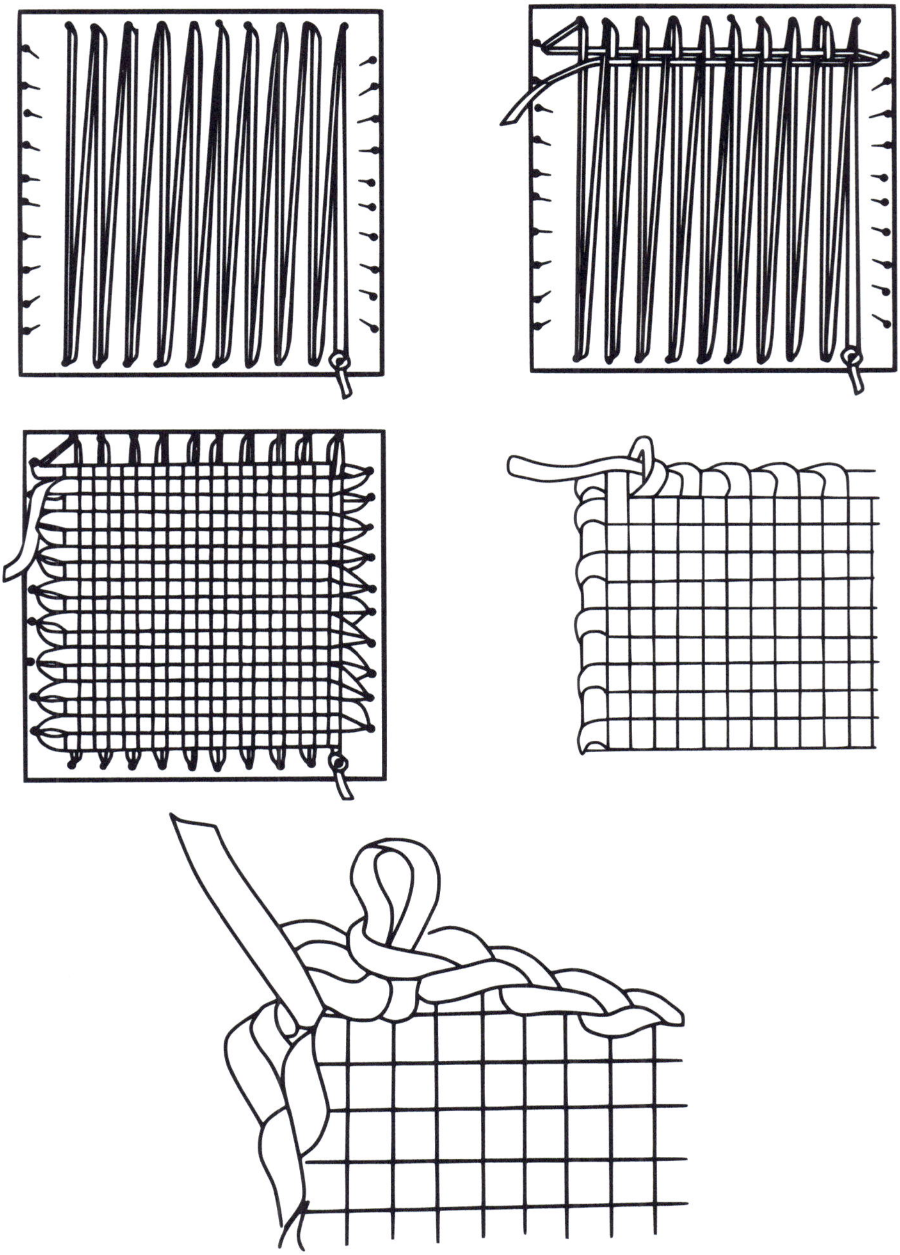

Kleine Müll-Checkliste

Schaue dir genau an, was du in den Müll werfen willst. Vielleicht hältst du da soeben den allerersten Anfang eines neuen Projektes in den Händen …

Themenregister

Projektregister

Bezugsadressen

Hier eine Liste mit Adressen, die ich sehr nützlich finde, wenn etwas fehlt. Vergiss aber nicht, dass du auch in Läden in deiner Nähe, auf Flohmärkten, in Secondhand-Shops und sogar auf dem Sperrmüll fündig werden kannst. Und vor allem: Frage dich immer, ob ein Gegenstand wiederverwendet werden kann, bevor du ihn wegwirfst. Sammeln kann sich lohnen!

STOFFE UND KURZWAREN

Atelier Brunette
www.atelierbrunette.com

Atelier de la Création
www.atelierdelacreation.com

La Petite Épicerie
www.la-petite-epicerie.fr

ZUM FÄRBEN UND BEIZEN

Alysse Création
www.alysse-creations.info

FÜR STRICKGARNE

Rico Design
www.rico-design.de/fr/home

La Droguerie
www.ladroguerie.com

FARBEN & CO

Little Greene
www.littlegreene.fr

Algo
www.peinture-algo.fr

Mercadier
www.mercadier.fr

Farrow and Ball
www.farrow-ball.com

KLEINE HILFSMITTEL

Cléopâtre
www.colles-cleopatre.com

Cultura
www.cultura.com

Creavea
www.creavea.com

Masking Tape
www.maskingtape.fr

GRÖSSERE HILFSMITTEL

Leroy Merlin
www.leroymerlin.fr

GARTENBEDARF

Kokopelli
www.kokopelli-semences.fr

ZERO-WASTE-PRODUKTE UND GLASBEHÄLTER

Greenweez
www.greenweez.com

Les Petits Bidons
www.lespetitsbidons.fr

La Maison du zéro déchet
www.lamaisonduzerodechet.org

Alternativi
www.alternativi.fr

Coutume Store
www.coutumestore.com

FÜR DEN KAUF VON LOSER WARE

Jean Bouteille
www.jeanbouteille.fr

Day by day
www.daybyday-shop.com

Natureo
www.natureo-bio.fr

ConsoVrac
App zum Auffinden von Schüttgutläden in deiner Nähe.

GEBRAUCHTWAREN

Sperrmüllverkaufsstellen

Altkleiderbörsen

Gebrauchtwarenhäuser

Flohmärkte

Ein besonderer Dank geht an Atelier Brunette, Little Greene, Atelier de la Création, Cléopâtre und Rico Design.

Dank

Vielen Dank an Pascale, die mir während dieses schönen Abenteuers ihr Vertrauen geschenkt hat.

An Corinne für die wunderschönen Fotos, das leckere Essen, die gute Laune und den Lieferwagen!

An Vania, meine Partnerin und Freundin … ich habe großes Glück, an deiner Seite arbeiten zu dürfen.

An den ganzen Clan in Brunoy und an die *famiglia* für eure Freundlichkeit und unermüdliche Unterstützung.

An Simone, die schneller näht als ihr Schatten, an Véro, meine Deckchen-Dealerin, an Séverine, die Königin der Aquarellmalerei, an Françoise, Nine und Nonna; danke an euch alle für eure unschätzbare Hilfe.

An Nour, Soha und Côme, meine liebsten Unterstützer!

Und an Aurélien, der geschliffen, gehämmert, gesägt, gefeilt und gezeichnet hat …

Danke für all dies und noch viel mehr.

Originalausgabe unter dem Titel *La bible de l'éco-logis* erschienen bei: Hachette Livre, 58, rue Jean-Bleuzen – 92178 Vanves Cedex

© Hachette Livre (Marabout) 2021

Illustrationen: Aurélien Barat
Texte: Audrey Grosclaude
Adaptation: Dominique Montembault
Maquette: Frédéric Voisin

Für die deutsche Ausgabe:
Verantwortlich: Svenja Wiglinghaus
Übersetzung, Satz, Produktmanagement und Lektorat: VerlagsService Dietmar Schmitz GmbH
Umschlaggestaltung: Irina von Feury
Herstellung: Kathleen Baumann
Printed in Slovakia by Neografia

Unser komplettes Programm finden Sie unter

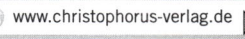 www.christophorus-verlag.de

Alle gezeigten Modelle, Anleitungen, Fotos und Illustrationen sind urheberrechtlich geschützt. Eine gewerbliche Nutzung ist untersagt. Dies gilt auch für eine Vervielfältigung bzw. Verbreitung über elektronische Medien. Alle Angaben und Anleitungen sind mit größtmöglicher Sorgfalt zusammengestellt. Dennoch kann bei Fehlern keinerlei Haftung für direkte oder indirekte Folgen übernommen werden. Sollte dieses Werk Links auf Webseiten Dritter enthalten, so machen wir uns die Inhalte nicht zu eigen und übernehmen für die Inhalte keine Haftung.

Die Deutsche Nationalbibliothek verzeichnet diese Publikation in der Deutschen Nationalbibliografie; detaillierte bibliografische Daten sind im Internet über https://www.dnb.de/ abrufbar.

© 2022 Christophorus Verlag in der Christian Verlag GmbH, München
Infanteriestraße 11a
80797 München

Alle deutschsprachigen Rechte vorbehalten

ISBN 978-3-8388-3810-6

Besuchen Sie uns im Internet:
www.christophorus-verlag.de und www.selbstgemacht.de